Avaliação educacional

- DE APRENDIZAGEM
- INSTITUCIONAL
- EM LARGA ESCALA

EDUCAÇÃO NA UNIVERSIDADE

AVALIAÇÃO EDUCACIONAL *Sandra Zákia Sousa* e *Valéria Virgínia Lopes*
CURRÍCULOS *Marlucy Alves Paraíso*
EDUCAÇÃO DE JOVENS E ADULTOS *Roberto Catelli Jr.*
EDUCAÇÃO ESPECIAL *Jáima Pinheiro de Oliveira*
EDUCAÇÃO INFANTIL *Lívia Fraga Vieira* e *Mônica Correia Baptista*
FILOSOFIA DA EDUCAÇÃO *Ronai Rocha*
GESTÃO DA EDUCAÇÃO *Iracema Santos do Nascimento*
POLÍTICAS EDUCACIONAIS *Carlos Roberto Cury* e *Zara Figueiredo Tripodi*
PSICOLOGIA EDUCACIONAL *Maria de Fátima C. Gomes* e *Marcelo Ricardo Pereira*

Conselho da coleção
José Sérgio Fonseca de Carvalho – USP
Marlucy Alves Paraíso – UFMG
Rildo Cosson – UFPB

Proibida a reprodução total ou parcial em qualquer mídia
sem a autorização escrita da editora.
Os infratores estão sujeitos às penas da lei.

A Editora não é responsável pelo conteúdo deste livro.
As Autoras conhecem os fatos narrados, pelos quais são responsáveis,
assim como se responsabilizam pelos juízos emitidos.

Consulte nosso catálogo completo e últimos lançamentos em **www.editoracontexto.com.br**.

Sandra Zákia Sousa
Valéria Virgínia Lopes

Avaliação educacional

- DE APRENDIZAGEM
- INSTITUCIONAL
- EM LARGA ESCALA

Copyright © 2024 das Autoras

Todos os direitos desta edição reservados à
Editora Contexto (Editora Pinsky Ltda.)

Foto de capa
Billy Albert em Unsplash

Montagem de capa e diagramação
Gustavo S. Vilas Boas

Coordenação de textos
Luciana Pinsky

Preparação de textos
Lilian Aquino

Revisão
Hires Héglan

Dados Internacionais de Catalogação na Publicação (CIP)

Sousa, Sandra Zákia
Avaliação educacional : de aprendizagem, institucional,
em larga escala / Sandra Zákia Sousa, Valéria Virgínia Lopes. –
São Paulo : Contexto, 2024.
128 p. (Coleção Educação na Universidade)

Bibliografia
ISBN 978-65-5541-516-2

1. Avaliação educacional
I. Título II. Lopes, Valéria Virgínia III. Série

24-4953   CDD 371.6

Angélica Ilacqua – Bibliotecária – CRB-8/7057

Índice para catálogo sistemático:
1. Avaliação educacional

2024

Editora Contexto
Diretor editorial: *Jaime Pinsky*

Rua Dr. José Elias, 520 – Alto da Lapa
05083-030 – São Paulo – SP
PABX: (11) 3832 5838
contato@editoracontexto.com.br
www.editoracontexto.com.br

Sumário

Apresentação 7

**Avaliação educacional:
noções introdutórias** 11
   O que é avaliar? 11
   Avaliação educacional:
      complexidade deste campo de estudos 16
   Atributos de uma boa
      avaliação educacional 18
   Funções, tipos e finalidades
      da avaliação educacional 24

Avaliação de aprendizagem 31
   Traços comuns em concepções e práticas 33
   Avaliação a serviço das aprendizagens 40
   Funções da avaliação de aprendizagem 44
   Sujeitos da avaliação de aprendizagem 48
   Procedimentos 50
   Breves referências à legislação nacional 55
   Mudar o sentido da avaliação
      de aprendizagem? 60

Avaliação em larga escala da educação básica 65
   O que é a avaliação externa e em larga escala 71
   Finalidades das avaliações externas
   e em larga escala 74
   Sistema de avaliação da educação básica 79
   Um lugar para a avaliação externa
   e em larga escala nas escolas 84

Avaliação institucional no contexto escolar 89
   O que é a avaliação institucional
   e como isso começou 91
   Educação de qualidade 93
   Finalidades e características da avaliação institucional 95
   Dados e registros administrativos 98
   Consultas às comunidades escolares 104

Avaliação e qualidade da educação para todos **117**
   Mudar o sentido da avaliação educacional? 122

As autoras 125

Apresentação

A avaliação é tema central quando se fala em educação. Indissociável do planejamento, do financiamento, do currículo e da gestão, a avaliação educacional pode regular, controlar, potencializar e/ou criar e recriar contextos mais ou menos favoráveis às aprendizagens, à disseminação de conhecimentos, aos exercícios de autonomia, de compreensão e crítica da sociedade, da ciência, da arte e da natureza.

Nesse contexto, a avaliação tem poder e molda as relações que se estabelecem nos contextos educacionais. Ela tem tanta força quanto o financiamento ou a legislação para induzir ações, iniciativas e transformações. Nesse sentido, por meio da avaliação, afirmam-se valores que se traduzem nos posicionamentos teóricos e enfoques metodológicos nela assumidos, os quais expressam não só um projeto educacional, mas, no limite, também um projeto de sociedade.

A avaliação educacional abrange diferentes objetos, como aprendizagem, currículo, instituições, políticas e programas educacionais. Cada vertente possui delineamento específico e se realiza sob responsabilidade principal de diferentes sujeitos.

Este livro aborda a avaliação de aprendizagem, a avaliação institucional e a avaliação externa e em larga escala, as quais incidem diretamente no trabalho escolar e supõem o envolvimento dos profissionais da educação e estudantes. Essas vertentes são tratadas em capítulos específicos para fins didáticos, no entanto, são igualmente responsáveis por promover a garantia do direito à educação de crianças, jovens e adultos. Para isso, contamos tanto com uma vasta literatura que traz valiosas contribuições nesse campo de estudos como com a legislação e as normas que incidem em todo o território nacional.

A obra tem cinco capítulos. O primeiro traz elementos de base que orientarão o desenvolvimento dos subsequentes, dado que alguns compromissos e finalidades esperados de avaliação são comuns a todas as suas vertentes.

O segundo capítulo aborda avaliação de aprendizagem, por meio de interlocução entre análises de práticas dominantes na escola e de aportes trazidos na literatura e na legislação educacional. A avaliação, situada como um meio de promoção do contínuo aprimoramento dos processos de ensino e de aprendizagem, se coloca a serviço do desenvolvimento de todos os estudantes, sob a crença de que todos têm condições de se desenvolver se respeitadas suas singularidades e suas características socioculturais.

O terceiro capítulo explora características e finalidades de avaliações externas e em larga escala, adotadas no Brasil como o principal mecanismo para aferir a qualidade da educação. Há destaque para o Sistema de Avaliação da Educação Básica, implantado nos anos 1990.

O quarto capítulo dedica-se a abordar noções, potencialidades e principais características da avaliação institucional em âmbito das escolas, com realce ao necessário diálogo e negociação como processos que envolvem todos os integrantes da escola.

Por fim, no último capítulo retoma-se o fio condutor das reflexões trazidas nos capítulos anteriores, qual seja, conceber e vivenciar a avaliação a serviço da construção de uma escola inclusiva.

As avaliações devem balizar iniciativas das diversas instâncias de um sistema de ensino – escolas, órgãos regionais e órgão central –, pois todas são igualmente responsáveis por promover a qualidade do trabalho escolar. Não se deve enfocar unicamente as escolas, como é comum acontecer.

A avaliação educacional nem sempre é objeto de disciplina específica nos cursos de formação de educadores. Sua associação com o ensino da didática algumas vezes contribui para o apagamento de suas funções política e pedagógica. Este livro toma essas funções como filtros transversais para abordar as diferentes vertentes da avaliação educacional e pretende ser um instrumento de apoio à formação, de consulta ou de inspiração, para que educadoras e educadores assumam a avaliação educacional como eixo de trabalho indissociável do ensino.

Assim, além de contribuir com a formação de estudantes, a obra também é destinada a docentes, gestores e técnicos que atuam na educação básica, em estudos relativos à avaliação educacional. A expectativa é propiciar àqueles direta ou indiretamente envolvidos com a educação infantil, o ensino fundamental e o ensino médio, em formação inicial ou continuada, aproximações com conceitos desse campo de estudos, que subsidiem a compreensão de significados e finalidades da avaliação, seja na sala de aula, na escola ou mesmo em redes e sistemas de ensino.

Sem dúvida abordamos dilemas da avaliação educacional, mas também exploramos suas potencialidades para contribuir com a construção de uma nova escola, menos seletiva e desigual, que acolhe e respeita todos os estudantes.

Avaliação educacional: noções introdutórias

Este capítulo inicial tem o propósito de apresentar noções do campo da avaliação educacional, as quais balizarão o desenvolvimento dos capítulos subsequentes.

O QUE É AVALIAR?

Avaliar é uma tarefa realizada no dia a dia para analisar e tomar decisões sobre diversas atividades e situações com as quais as pessoas estão envolvidas. Porém, essas avaliações são feitas de modo informal, usualmente de maneira espontânea, e as decisões são muitas vezes tomadas com base em experiências anteriores, em crenças e valores. Avaliações informais ocorrem também em relação às escolas, aos estudantes, aos colegas de trabalho e a outros tantos elementos e dimensões que integram a área da educação.

A avaliação informal é inerente à interação de todas as pessoas com o mundo ao seu redor, assim como a educação que se realiza de modo informal em todos os espaços sociais.

Mas, quando se trata de vivenciar a avaliação no âmbito das atividades profissionais na área da educação, é necessário que seja realizada de modo formal, com planejamento em relação aos diversos objetos envolvidos. Neste livro vamos tratar de concepções, características e procedimentos relativos à condução de avaliações formais, seja da instituição escolar, seja da aprendizagem dos estudantes, seja da condução de avaliações externas e em larga escala de políticas educacionais, o que supõe ações planejadas que orientarão julgamentos e apoiarão decisões em relação aos objetos avaliados.

As opiniões e posições assumidas com base em avaliações informais, no entanto, influenciam e interagem com as avaliações formais. E essas influências podem tanto contribuir para a emissão de julgamentos úteis e consistentes de uma dada situação quanto julgamentos inconsistentes, que expressam menos as condições reais do que está sendo julgado e mais preconceitos, entendidos como opiniões preconcebidas sobre um assunto, as quais não se baseiam em conhecimentos pertinentes sobre o que está em análise. Essa atitude pode ocorrer em relação a uma pessoa ou a um grupo de pessoas por suas características, por exemplo, classe social, raça, gênero, sexualidade, seita ou religião, afiliação política, forma de expressão verbal, deficiência.

Na escola, essa dimensão informal da avaliação requer atenção intencional e permanente, pois pode ter consequências dramáticas, especialmente por seu potencial de discriminar as pessoas por filtros criados a partir de marcadores sociais da diferença, que reproduzem e amplificam as desigualdades sociais.

Além da distinção entre avaliação formal e informal, outra distinção bastante difundida é entre avaliação e pesquisa, uma vez que os procedimentos metodológicos para a realização dessas atividades são próximos, algumas vezes coincidem inteiramente e sempre demandam rigor. Nos dois casos, o que se busca é conhecer determinado fenômeno, mas há diferenciações consideradas importantes. Destacamos uma delas, que diz respeito à suas finalidades: enquanto a pesquisa científica tem por finalidade contribuir para a expansão ou o aprofundamento do conhecimento científico que se tem sobre determinado assunto ou fenômeno e produzir novos conhecimentos – desde detalhes do funcionamento de partes de uma flor até a cura de doenças pandêmicas, por exemplo –, a avaliação tem finalidades mais restritas, como a de saber se um programa ou projeto atingiu seus objetivos; saber se um estudante se desenvolveu como esperado em determinado componente curricular; se os recursos destinados a uma iniciativa são ou foram suficientes e aplicados adequadamente. Ou seja: na avaliação há julgamento. A pesquisa não é necessariamente aplicada, enquanto a avaliação deve ser.

Embora essa distinção possa ser dispensada, uma vez que ambas as atividades se realizam por meio de procedimentos e etapas comuns, vale destacar que a avaliação necessariamente se apoia em teoria e métodos científicos.

Distinções entre avaliações formais e informais e entre pesquisa e avaliação se encontram na literatura e são tema de debate entre pesquisadores. Sem negar que são processos que interagem entre si, neste livro serão exploradas as contribuições do campo da avaliação educacional que auxiliem na condução de avaliações formais, que se orientam por um planejamento, o qual deve explicitar os seus propósitos e as trilhas percorridas para sua efetivação.

A atividade avaliativa pode se realizar em momento determinado, mas se caracteriza como um processo. Ou seja, uma atividade que requer o delineamento de atividades inter-relacionadas que garantam um fluxo de produção de informações, análise, julgamento e decisões.

Seus resultados devem servir para apoiar continuamente a revisão e o aprimoramento das propostas e ações relativas ao objeto avaliado.

Os principais momentos de um processo avaliativo são a descrição do problema, sua análise, o julgamento, a tomada de decisão e a ação. Destaca-se que se trata de um processo circular, ininterrupto. Cada um dos momentos carrega elementos do anterior e antecipa o momento seguinte, já que não existe o "momento zero". Qualquer situação sobre a qual se quer intervir ou qualquer vertente avaliativa que se quer realizar se produz a partir de algo que existe e demanda procedimentos num ciclo da avaliação, como o descrito na figura a seguir.

Figura 1 – Principais momentos de um processo avaliativo

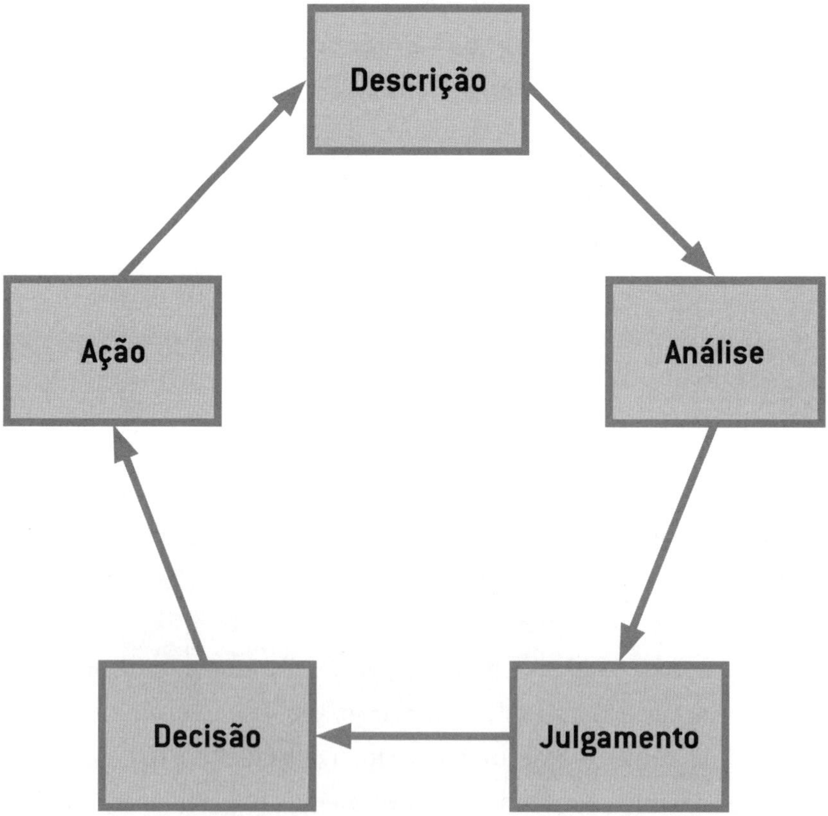

> **Avaliação e verificação**
>
> O professor Cipriano Carlos Luckesi explora os conceitos de avaliação e verificação em um artigo de destaque:
>
>> O processo de **verificar** configura-se pela observação, obtenção, análise e síntese dos dados ou informações que delimitam o objeto ou ato com o qual se está trabalhando. A verificação encerra-se no momento em que o objeto ou ato de investigação chega a ser configurado, sinteticamente, no pensamento abstrato, isto é, no momento em que se chega à conclusão que tal objeto ou ato possui determinada configuração. A dinâmica do ato de verificar encerra-se com a obtenção do dado ou informação que se busca, isto é, "vê-se" ou "não se vê" alguma coisa. [...] o conceito **avaliação** é formulado a partir das determinações da conduta de "atribuir um valor ou qualidade a alguma coisa, ato ou curso de ação...", que, por si, implica um posicionamento positivo ou negativo em relação ao objeto, ato ou curso de ação avaliado. Isto quer dizer que o ato de avaliar não se encerra na configuração do valor ou qualidade atribuídos ao objeto em questão, exigindo uma tomada de posição favorável ou desfavorável ao objeto de avaliação, com uma consequente decisão de ação. [...] o posicionamento a favor ou contra o objeto, ato ou curso de ação, a partir do valor ou qualidade atribuídos, conduz a uma decisão nova, a uma ação nova: manter o objeto como está ou atuar sobre ele.
>
> (LUCKESI, Cipriano Carlos. *Verificação ou avaliação: o que pratica a escola?* São Paulo: FDE, 1998. p. 75-76; grifos do autor [Séries Ideias, n. 8].)

O conceito de avaliação também deve ser diferenciado do conceito de verificação ou medida. O termo *avaliação* provém etimologicamente do latim *a-valere*, que significa "dar valor a", ou seja, vai além da *verificação – verum facere –*, que pode ser traduzido como o ato de determinar se um dado objeto possui certas características ou configuração.

Entendida a avaliação com sua potência para reunir dados e informações capazes de possibilitar a tomada de decisão entre "manter o objeto como está ou atuar sobre ele", reconhece-se que seus processos e procedimentos geram consequências e têm poder de induzir ações, de redirecionar trajetórias, de subsidiar decisões. Por meio da avaliação afirmam-se valores, pois sua realização se dá a partir de posições, crenças, visões de mundo e práticas sociais.

A avaliação se pauta em uma dada noção de qualidade que se pretende promover. Trata-se, então, de indagar sobre os pressupostos e os valores que informam a avaliação.

AVALIAÇÃO EDUCACIONAL: COMPLEXIDADE DESTE CAMPO DE ESTUDOS

São muitos os objetos aos quais a avaliação educacional se direciona, tais como a avaliação de aprendizagem, de desempenho, de currículo, de programa, de instituições, de sistema, de política. A avaliação formal tornou-se uma atividade diversificada, que abrange diferentes focos, com objetos específicos e, muitas vezes, contando com especialistas para sua realização.

A noção de avaliação aqui apresentada pauta os estudos relativos à avaliação educacional e volta sua atenção não só à análise da consistência técnica dos caminhos escolhidos para se proceder a uma avaliação, mas também à análise de seu compromisso político, uma vez que a educação é um bem público.

Entendida, então, como um instrumento político, a avaliação tanto pode servir à democratização da educação como ser utilizada como instrumento de discriminação social. Sua forma, seu conteúdo, o uso que se fizer de seus resultados podem servir a um ou a outro propósito. A escolha entre abordagens avaliativas não é apenas técnica, nem se reveste de neutralidade, sendo isso um dos elementos que caracterizam a complexidade do ato de avaliar.

A avaliação educacional e seus procedimentos metodológicos correspondem a determinadas concepções e determinados interesses, mesmo quando esses não são declarados. Revestida de aspectos técnicos, que sustentam com neutralidade as escolhas teóricas e metodológicas, a avaliação conduz e/ou destaca ênfases, recursos e conclusões.

A complexidade desse campo estudos também se expressa no fato de a avaliação se respaldar em conceitos, teorias, métodos de diferentes áreas de conhecimento, como a Psicologia, Sociologia, Economia, Estatística, entre outras. A definição da abordagem teórico-metodológica a ser adotada na avaliação de um dado objeto usualmente implica pôr em diálogo conhecimentos oriundos de distintas áreas do conhecimento, daí ser tratado como um campo interdisciplinar ou, mesmo, transdisciplinar.

Assim, avaliar supõe uma diversidade de escolhas a serem feitas pelos envolvidos no processo, que vão desde a visão de mundo, de sociedade e de educação norteadoras das decisões, até as finalidades e a abordagem teórico-metodológica a ser adotada.

Desse modo, não existem respostas únicas às questões centrais de um processo avaliativo:

- O que avaliar? (objeto)
- Para que avaliar? (finalidade)
- Quem avalia? (sujeitos)
- Como avaliar? (procedimentos)
- Quando avaliar? (periodicidade)

Dado o caráter social, político e ideológico da avaliação, são múltiplas e variadas as respostas possíveis a essas questões, pois dependem dos posicionamentos e das escolhas dos que conduzem ou definem o processo, ou seja, da expressão dos valores tomados como referência.

Analisar as finalidades a que vem servindo a avaliação, em relação aos diferentes objetos que integram a área da educação – aprendizagem, instituições, redes de ensino, dentre outros –, é uma tarefa que se impõe aos profissionais da educação.

> **Complexidade da avaliação**
>
> Uma boa síntese sobre a complexidade da avaliação educacional se encontra nas palavras de Antonio Amorim e Sandra Zákia Sousa, pesquisadores da avaliação educacional, em debate sobre a avaliação institucional nos anos 1990:
>
>> A avaliação não é algo que se dê de modo dissociado do objeto ao qual se dirige e não se concretiza independentemente dos valores dos sujeitos em interação. Os princípios norteadores de uma proposta avaliativa e de seu próprio processo de construção representam uma explicitação do posicionamento de sujeitos frente a um determinado segmento da realidade, sujeitos esses que ocupam diferentes lugares sociais, o que leva ao afloramento de divergentes e conflitantes ênfases na avaliação.
>
> (AMORIM, A.; SOUSA, S. M. Z. L. Avaliação institucional da universidade brasileira: questões polarizadoras. *Estudos em Avaliação Educacional*, São Paulo, v. 10, dez. 1994. p. 125. Disponível em: <http://educa.fcc.org.br/scielo.php?script=sci_arttext&pid=S0103-68311994000200007&lng=pt&nrm=iso>. Acesso em 26 set. 2024.)

ATRIBUTOS DE UMA BOA AVALIAÇÃO EDUCACIONAL

Historicamente, foi nos Estados Unidos que surgiu o trabalho pioneiro que sistematizou padrões para identificação de uma boa avaliação educacional, divulgado em 1981 pelo Joint Committee on Standards for Educational Evaluation (JCSEE), por meio da publicação do Program Evaluation Standards (PES), o qual teve sua última atualização registrada em publicação em 2010.

Desde então, esses padrões vêm se constituindo como referência a estudos e trabalhos de associações e redes regionais e nacionais que se dedicam ao campo da avaliação educacional. Com base em produções precedentes, em 2016 foi divulgada uma proposta resultante de iniciativa da Rede de Monitoramento, Avaliação e Sistematização da América Latina e do Caribe (ReLAC) e do Projeto Fomento das Capacidades em Avaliação (Foceval), em documento intitulado Diretrizes para Avaliação para a América Latina e o Caribe (ReLAC, na sigla em espanhol, 2021). São apresentadas nesse documento diretrizes para avaliação agrupadas em quatro dimensões:

Quadro 1 – Atributos da avaliação

Dimensão 1	Dimensão 2	Dimensão 3	Dimensão 4
Rigorosidade	Ética e princípios jurídicos	Compreensão cultural adequada	Relevância e utilidade

Fonte: ReLAC, 2021.

O documento Diretrizes para Avaliação para a América Latina e o Caribe está disponível, na íntegra, para acesso dos interessados. Assim, neste capítulo, mencionamos de forma sucinta a definição das quatro dimensões a serem consideradas para "avaliar a avaliação".

A primeira dimensão destacada é a "rigorosidade". Segundo as orientações do documento, a verificação do rigor de uma avaliação se dá quando: i) produz-se uma adequada compreensão da intervenção avaliada, de seus contextos, dos interesses e necessidades das comunidades ou dos grupos aos quais a intervenção avaliada se destina; ii) a metodologia avaliativa permite observar seus procedimentos utilizados; iii) os resultados são baseados em evidências; e iv) as partes interessadas participam do processo avaliativo. As diretrizes que contemplam a dimensão "rigorosidade" são: avaliabilidade da intervenção; avaliação contextualizada; compreensão detalhada da intervenção; perguntas avaliativas relevantes e consensualizadas; e abordagens e métodos devidamente explicados e justificados. Um exemplo de rigorosidade se pode observar quando, em sala de aula, professores e estudantes têm clareza das intenções ou dos propósitos da avaliação – o que se quer saber?; dos procedimentos a serem realizados – como se vai saber?; dos critérios a serem utilizados – como se chegará a uma valoração?; do uso dos resultados – haverá divulgação pública? Serão considerados para realizar alguma ação?

A dimensão "ética e princípios jurídicos" diz respeito à transparência e à legalidade dos processos e procedimentos avaliativos. Considera-se que as equipes de avaliadores devem atuar com autonomia e independência em relação aos interesses em disputa observando as diretrizes de respeito aos direitos das pessoas, transparência, ética e integridade profissional, legalidade e autonomia. No caso dessa dimensão, verifica-se que foi observada quando, por exemplo, da elaboração de um questionário em que se solicita ao respondente fazer apreciações sobre um serviço público que é por ele utilizado, garantindo-se o anonimato, de modo que o respondente se sinta seguro para responder o que pensar e, ao mesmo tempo, se garantindo a aplicação da Lei Geral de Proteção de Dados Pessoais (LGPD; Lei n. 13.709, de 14 de agosto de 2018).

A terceira dimensão é: "compreensão cultural adequada". Trata-se, conforme o referido documento, de realizar a avaliação com respeito e com um alto nível de compreensão cultural do ecossistema da intervenção avaliada e dos seus contextos histórico-culturais. São diretrizes dessa dimensão os direitos culturais; a igualdade e a equidade; e a reciprocidade e a interculturalidade. Considera-se, nessa dimensão, a necessidade de manter respeito com as linguagens, com os modos de vida e visões de mundo das pessoas e, também, de desenvolver estratégias sensíveis ao gênero, à interseccionalidade e à interculturalidade.

A última dimensão destacada é a "relevância a utilidade". Entende-se que a avaliação é relevante quando oferece elementos para saber quão significativa e apropriada é a intervenção avaliada e se ela apresenta resultados desejados. A utilidade da avaliação reside no seu potencial de identificação de aprendizagens, evidências e recomendações que contribuam para tomar decisões sobre o percurso atual e futuro da intervenção avaliada. As diretrizes relevadas nessa dimensão são a participação eficiente; os propósitos acordados mutuamente; os valores explícitos; a informação relevante, pertinente e oportuna; os resultados úteis; a comunicação e os relatórios específicos e apropriados; os interesses pelas consequências. Essa parece ser uma dimensão muito presente quando se pensa a avaliação escolar. Quando estudantes ou professores não atribuem sentido às avaliações, de fato, é o caso de se pensar se há relevância ou utilidade naquilo. A avaliação de aprendizagem é relevante quando pode ser compreendida e quando estudantes e seus professores se reconhecem diante dos resultados.

Essas dimensões e suas diretrizes possibilitam "avaliar as avaliações" em educação e podem servir, também, de parâmetros para o planejamento e para a elaboração de avaliações educacionais relevantes em quaisquer de suas vertentes.

A simples checagem da existência e pertinência dessas dimensões e de suas diretrizes na elaboração e no desenvolvimento das avaliações educacionais pode se constituir numa excelente crítica ao que se realiza nas escolas e nos sistemas educacionais.

Será possível avaliar a avaliação de aprendizagem dos estudantes com base nos critérios sugeridos a partir da definição das quatro dimensões destacadas? E a avaliação das políticas educacionais realizada por meio de avaliações externas e em larga escala, pode ser avaliada como sugerido pelo documento da ReLAC? Como cada equipe escolar sustentaria a escolha da utilização de provas ou seminários para avaliar aprendizagens, usando os filtros de validação recomendados? Como cada equipe gestora em âmbito nacional, municipal ou estadual justificaria a escolha de exames em larga escala para avaliar os resultados de etapas da escolarização da educação básica, conforme a efetivação das dimensões sugeridas? Ouvir as expectativas e percepções das comunidades escolares, como preconizados pela vertente avaliação institucional, é suficiente para atender às dimensões e diretrizes de uma "avaliação da avaliação"?

Assim como as avaliações em educação são complexas e multirreferenciadas, também as respostas a essas questões o são. Um bom exercício reflexivo seria tomar as dimensões e diretrizes da "avaliação da avaliação" como filtros de aproximação com cada uma das vertentes da avaliação educacional. Isso quer dizer que para fazer a crítica a determinadas vertentes avaliativas é preciso conhecer seus objetivos, seus procedimentos e o uso de seus resultados de modo contextualizado.

Além desses atributos, que são diretrizes metodológicas e políticas para avaliar a avaliação, contribuições sobre sua abrangência também permitem apreciar sua validade.

No início dos 1990, um importante estudioso da avaliação educacional, Heraldo Marelim Vianna, apresentou um roteiro contendo itens que, segundo o autor, informam sobre a qualidade na educação. A preocupação do autor, naquele momento, expressada também por vários outros e mantida, até hoje, como um desafio, diz respeito à aferição da qualidade exclusivamente por meio dos resultados de desempenho dos estudantes. Assim, o modelo proposto por Vianna abarca elementos internos e externos às escolas e ao sistema educacional que claramente se relacionam, se associam ou condicionam os resultados escolares. A proposta consiste em contextualizar um panorama amplo do país e seguir até os elementos do interior escolar, organizados como registrado a seguir.

Contexto nacional:

i) características da população: a) estatísticas demográficas, b) níveis de educação, c) transformações da economia, d) força de trabalho;
ii) valores culturais: a) valorização da educação, b) desenvolvimento individual, c) formação profissional, d) oportunidades educacionais, e) universalização da educação, f) *status* do professor, g) responsabilidade da família na educação;
iii) investimentos financeiros: a) alocação de recursos humanos;
iv) organização da escola: a) tipos de escola, b) centralização administrativa, c) seletividade social, d) sistema de avaliação.

Fatores não diretamente ligados à escola:

i) *status* socioeconômico da família;
ii) nível de educação dos pais;

iii) recursos educacionais no lar;
iv) participação dos pais no processo educacional;
v) atividades educacionais fora da escola;
vi) atividade de lazer e sociais;
vii) atitudes e aspirações dos estudantes.

Escola:

i) entrada: a) tamanho e tipo da escola, b) extensão do ano letivo e da jornada escolar, c) tamanho, características e experiência do corpo docente, d) qualidade das instalações escolares, e) organização dos programas escolares, f) participação dos pais na vida escolar;
ii) processo: a) currículo, b) análise de objetivos e conteúdos programáticos, c) práticas instrucionais, d) tipos de instrução, e) aulas expositivas, demonstrações e/ou discussões, f) uso de material didático, g) tarefas de casa, h) avaliação escolar.
iii) produto: a) desempenho escolar, b) formação de atitudes.

A abordagem apresentada parece cumprir com a intenção de contextualizar os resultados. Ainda que se realize apenas uma pequena parte do roteiro, o convite é para se ter em mente que se trata de uma parte e que uma compreensão maior dependeria da articulação de resultados de avaliações a partir de diversas fontes. Resultados articulados e associados que podem permitir uma tomada de decisão mais consistente e um planejamento mais adequado.

Heraldo Vianna compreendia a necessidade de contextualizar os resultados escolares dos estudantes e de uma avaliação educacional partir da análise do contexto do país. Após mais de 30 anos dessa proposição, é certo que nem todos os elementos que caracterizam o perfil socioeconômico nacional são considerados importantes para compreender as dinâmicas escolares, mas questões de classe, gênero, raça e deficiência foram incorporadas ao debate e, hoje, tem-se claro que esses filtros são decisivos para a escolarização das crianças. Ainda, as desigualdades regionais, em especial as de financiamento público, foram evidenciadas nestes últimos anos e algumas delas têm sido objeto de políticas públicas como a criação do Fundo de Manutenção e Desenvolvimento da Educação Básica e de Valorização dos Profissionais da Educação (Fundeb), que é um mecanismo contábil de distribuição de recursos (formado, em cada estado brasileiro, por impostos e transferências municipais e estaduais e, em alguns casos, com complementação federal) por aluno matriculado. O custo aluno/ano é definido para todo o país e os estados que não alcançam o valor estabelecido recebem complementação da União. O caso do Fundeb é exemplar da tomada de decisão ancorada em informação, que se produz por meio da avaliação.

FUNÇÕES, TIPOS E FINALIDADES DA AVALIAÇÃO EDUCACIONAL

A ideia de que a avaliação se encontra vinculada ao planejamento de modo indissociável convida a pensar que ela é uma atividade processual e permanente. Mas isso não acontece necessariamente. Suas funções, suas finalidades e seus procedimentos se organizam conforme seus objetos, seus objetivos e as definições prévias de seus usos.

As avaliações podem ter função diagnóstica, quando se pretende conhecer a "linha de base" ou o momento inicial de determinado objeto. Essa função pode ser utilizada para identificar conhecimentos prévios de estudantes, necessidades dos estudantes, dos docentes, das comunidades escolares, bem como para identificar determinada situação na escola, no sistema educacional, na política, em programas ou projetos. Seus resultados permitem organizar intervenções e ajustes para aprimorar as propostas e suas condições de realização.

A função formativa se realiza no processo de execução de ações educacionais e seus resultados permitem conhecer a adequação das iniciativas em andamento frente aos objetivos estabelecidos, identificar resultados não previstos, replanejar e reorientar ações. É contínua, pois possibilita a obtenção de informações.

A chamada *função somativa* cumpre o propósito de verificar resultados acumulados ao final de um período escolar (ano letivo ou etapa da escolarização). Seus resultados possibilitam evidenciar o alcance de objetivos propiciado por uma ação educativa; permitem efetivar a certificação de uma etapa da escolarização e, também, podem ser utilizados como informação para uma nova etapa de trabalho.

Essas funções devem ser compreendidas como inter-relacionadas entre si, podendo uma atividade avaliativa servir para o cumprimento de uma ou mais funções, a depender do uso que se pretende fazer dos resultados obtidos por meio da avaliação.

As avaliações podem ser do tipo interno ou externo, a depender da origem dos responsáveis por ela. Ou seja, o que as diferencia é a relação entre avaliador e objeto em análise. Considera-se uma avaliação interna quando esta é realizada por sujeitos que vivenciam uma determinada situação e externa quando o sujeito avaliador é externo à situação ou ao objeto em julgamento.

Essas avaliações podem ser complementares, ou seja, há situações em que é desejável cotejar resultados dos julgamentos de avaliadores internos e externos à situação avaliada.

Visando exemplificar as funções e os tipos de avaliação, retomam-se aqui as questões centrais anunciadas anteriormente:

- O que avaliar? (objeto)
- Para que avaliar? (finalidade)
- Quem avalia? (sujeitos)
- Como avaliar? (procedimentos)
- Quando avaliar? (periodicidade)

A resposta para a primeira pergunta determina um conjunto de possíveis respostas para as demais. Vamos, no quadro a seguir, fazer um exercício para respondê-las, sempre a partir da primeira pergunta.

Quadro 2 – Respondendo a questões centrais da avaliação: um exercício

O que avaliar	Para que avaliar	Quem avalia	Quando avalia	Função da avaliação	Tipo de avaliação
As aprendizagens de estudantes de uma determinada turma	Para conhecer o que já sabem sobre os conteúdos a serem abordados	A professora ou o professor	1. No início do ano letivo 2. No início de um bloco de conteúdos escolares	Diagnóstica	Interna
	Para conhecer o que aprenderam	A professora ou o professor e estudantes	1. Ao final de uma aula 2. Ao final de uma sequência didática 3. Ao final do bimestre/trimestre escolar 4. Ao final do ano escolar	1. e 2. Formativa 3. e 4. Somativa	Interna
	Para conhecer a proficiência em determinados conteúdos ou componentes curriculares	A professora ou o professor	Em qualquer momento do ano letivo	Somativa	Interna
		Secretaria de Educação, Ministério da Educação ou agência contratada	Em momentos pré-definidos e previamente divulgados	Somativa	Externa

As instalações da escola (edificações, equipamentos e materiais)	Para conhecer as condições de trabalho de estudantes, docentes e demais profissionais	Toda a comunidade escolar (docentes, estudantes e suas famílias, funcionários e direção)	Em momentos pré-definidos e previamente divulgados	Diagnóstica e Formativa	Interna
		Secretaria de Educação, Ministério da Educação ou agência contratada	Em momentos pré-definidos e previamente divulgados	Diagnóstica e Formativa	Externa
As relações sociais e interpessoais	Para conhecer o "clima escolar"	Toda a comunidade escolar (docentes, estudantes e suas famílias, funcionários e direção)	Em momentos pré-definidos e previamente divulgados	Diagnóstica e Formativa	Interna
		Secretaria de Educação, Ministério da Educação ou agência contratada	Em momentos pré-definidos e previamente divulgados	Diagnóstica e Formativa	Externa

O quadro contém exemplos das diferentes vertentes da avaliação educacional: aprendizagem, externa e em larga escala, e institucional, que, em conjunto com outras informações e dados, podem compor a avaliação da política educacional em qualquer instância ou apenas da escola.

Seja qual for a vertente avaliativa, suas finalidades serão as mesmas, variando o modo de fazer – técnicas, procedimentos e instrumentos – e o uso de seus resultados.

São finalidades da avaliação:

1. **Diagnosticar** para identificar a situação existente. Seus resultados podem ser utilizados para orientar a definição de diretrizes, objetivos, metas, planos, ações e condições de realização.
2. **Checar coerência interna** para verificar se as ações em andamento ou propostas estão de acordo com as diretrizes estabelecidas e quais as possibilidades de que os resultados dessas ações conduzam ao alcance dos objetivos e metas. Seus resultados apoiam o alinhamento do plano de trabalho.
3. **Monitorar processos e insumos** para acompanhar a realização das atividades e garantir as condições objetivas para sua realização. Os resultados do monitoramento permitem reorientar as ações durante a execução.
4. **Verificar resultados** para conhecer o alcance das ações ao final de um período preestabelecido. Seus resultados podem suscitar a organização de novas iniciativas ou alterações nos casos em que as ações se repetirão.
5. **Induzir ações** para dar consequências aos resultados verificados.

Essas finalidades são também potencialidades das avalições, nem sempre exploradas.

Para pensarmos a avaliação educacional, em qualquer de suas vertentes (da aprendizagem, institucional, de políticas), partimos do que assumimos como o papel da escola ou do processo educacional, uma vez que cada um dos grandes temas que compõem os debates na educação – didática, currículo, financiamento, formação de profissionais, gestão, avaliação – carrega elementos técnicos e escolhas políticas. Nos capítulos seguintes vamos tratar de cada uma dessas vertentes da avaliação educacional, explicitando seus componentes teóricos e práticos.

Para saber mais

Aula de Sandra Zákia Sousa sobre noções de avaliação educacional, orginalmente produzida para a Univesp em vídeo. Está disponível em: https://www.youtube.com/watch?v=8WPW7ugWWLA.

Indicações de leitura

GOLDBERG, M. A. A. Avaliação educacional: medo e poder. *Educação e Avaliação*, São Paulo, ano 1, p. 96-117, jul. 1980.

LUCKESI, Cipriano Carlos. Verificação ou avaliação: o que pratica a escola? *Série Ideias*, n. 8, São Paulo, FDE, p. 71-80, 1990.

RELAC. Rede de Monitoramento, *Avaliação e Sistematização da América Latina e Caribe*. Diretrizes de Avaliação para a América Latina e o Caribe. ReLAC, 2021.

SOUSA, Sandra Zákia. "Avaliação Escolar e Democratização: o direito de errar". In: AQUINO, Júlio Groppa (Org.). *Erro e fracasso na escola*: alternativas teóricas e práticas. São Paulo: Summus, 1997, p. 125-138.

SOUSA, Sandra Zákia. O caráter discriminatório da avaliação do rendimento escolar. *Revista ADUSP*, São Paulo, abril, 1995, p. 15-17.

VIANNA, Heraldo Marelim. Medida da Qualidade em Educação: apresentação de um modelo. *Est. Aval. Educ.*, São Paulo, v. 25, n. 60, p.36-42, dez. 2014.

YABROUGH, Donald B. *Joint Committee on Standards for Educational Evaluation*. The program evaluation standards: a guide for evaluators and evaluation users. 3. ed. Thousands Oaks, CA: Sage, 2011.

Avaliação
de aprendizagem

Este capítulo apresenta as contribuições da Psicologia, da Sociologia, da Economia e da educação aos debates e às práticas de avaliação de aprendizagem. São abordados os significados e sentidos atribuídos às avaliações de aprendizagem por docentes, estudantes e suas famílias, gestão escolar e sistema educacional, além de suas concepções e sua tradução em instrumentos e procedimentos e o uso de resultados e suas consequências: reprovação, abandono, distorção idade-ano escolar e evasão; centralidade política e pedagógica da avaliação de aprendizagem.

A compreensão da centralidade política e pedagógica da avaliação de aprendizagem, por docentes, estudantes e suas famílias e também por gestores escolares atuantes direta ou indiretamente nas escolas, é o passo inicial para que se reconheça seu potencial de contribuir – ou não – para o engajamento dos estudantes com suas trajetórias escolares e com suas inserções sociais, com autonomia e senso crítico.

Oportuno lembrar que sucesso escolar não se limita ao desempenho acadêmico, mas envolve, de modo imbricado, dimensões cognitivas, sociais e emocionais, bem como extrapola a assimilação de conteúdos cristalizados.

Sem negar a totalidade das relações sociais de que a escola é parte, os estudos da área educacional, particularmente a partir dos anos 1980, têm apontado para a importância de conhecer os mecanismos internos da escola, pois é por meio da mediação das condições intraescolares que a seletividade se efetua concretamente. Ou seja, o fracasso escolar, há muito evidenciado e denunciado, é também expressão do modo como a escola está organizada, o que impõe olhar criticamente regras, rituais, práticas, enfim, o conjunto de relações e interações que nela se estabelecem.

Dentre essas práticas e interações escolares, o modo como a avaliação de aprendizagem costuma ser concebida e vivenciada tem se revelado potente na produção do sucesso ou insucesso escolar dos estudantes, subsidiando decisões que revelam a seletividade que se processa no ambiente escolar.

Essa seletividade atinge os mais pobres, os indígenas, os negros e os meninos; logo, as condições intraescolares têm também um sentido político. E, dentre os muitos mecanismos que se concretizam na escola, tem-se a avaliação de aprendizagem como um dos mecanismos responsáveis por essa seletividade.

As contribuições teóricas sobre avaliação ajudam na análise das práticas dominantes vigentes na escola. Com base nos subsídios teóricos, então, é necessário refletir sobre o sentido dado à avaliação, individual e coletivamente, pelos integrantes do trabalho escolar à luz do compromisso com a concretização do direito de todos à educação.

O propósito deste capítulo é tratar da avaliação de aprendizagem como atividade que se pauta no compromisso com a promoção da qualidade e democratização da educação e, por conseguinte, na crença de que todos os estudantes têm condições de se desenvolver se respeitadas sua singularidade e suas características socioculturais.

Espera-se, também, fomentar aqui o debate sobre concepções e práticas dominantes nos contextos escolares, as quais são assimiladas pelos estudantes no decorrer de sua trajetória escolar. Avaliação de aprendizagem é certamente uma temática familiar a todos que passaram pela escola, pois, desde pequenos, como estudantes, todos são avaliados. Essas experiências levam a formar uma dada concepção de avaliação, a qual tende a ser reproduzida em eventual posterior atuação profissional.

Esse entendimento leva a que se coloquem como questões nucleares a serem exploradas ao tratar de avaliação de aprendizagem:

- A que finalidades vem servindo a avaliação?
- Tal como tendencialmente concebida e vivenciada na escola, a avaliação tem servido à democratização da educação?
- Quem são os sujeitos da avaliação?

TRAÇOS COMUNS EM CONCEPÇÕES E PRÁTICAS

Desde meados dos anos 1980, de norte a sul do país, vêm sendo realizadas pesquisas que se voltam a analisar os significados preponderantes que a avaliação de aprendizagem assume no trabalho escolar. Embora os discursos constantes de documentos e proferidos por educadores sejam pautados na democratização da educação, nem sempre estes se transmutam em ações.

É importante que as conclusões desses estudos sejam incorporadas para que os educadores busquem trilhas avaliativas que se coloquem a serviço da aprendizagem de todos os alunos.

Breve descrição de características dominantes nas práticas avaliativas, a seguir reproduzida, é apresentada por Sandra Zákia Sousa, pesquisadora da avaliação educacional e coautora deste livro. Suas constatações, lamentavelmente, continuam reiteradas por pesquisas. Dentre essas características, destacam-se:

1. *Apoiar-se na premiação e classificação, vistas como decorrentes do empenho individual em aproveitar as oportunidades de ensino.*
   As normas e regras, verbalizadas ou não, que impregnam a prática avaliativa fazem-se presentes no decorrer de todo o processo de educação escolar, passando a ocupar papel central e a sobrepor-se à própria aprendizagem enquanto finalidade. A avaliação chega a ser confundida com os momentos de atribuição de conceitos, e os alunos não se sentem compelidos a adquirir determinados conhecimentos, mas, antes, a conquistar certos conceitos, chegando até a não ver sentido em ir à escola, quando já atingiram o conceito necessário para a aprovação: "ah, eu já fechei mesmo, o que eu vou fazer na escola?". O que se percebe é que o aluno se compromete não com a aprendizagem propriamente dita, mas com a aquisição de determinados pontos que lhe garantam o "sucesso escolar", os quais, da forma como são atribuídos, não correspondem necessariamente à ocorrência de aprendizagem. A finalidade classificatória se sobrepõe à de análise, reformulação ou redirecionamento do trabalho desenvolvido. Portanto, a avaliação, nesses casos, tem servido, essencialmente, para julgar e classificar os estudantes. Ainda mais desprovido de sentido é o resultado de processos classificatórios quando esses resultam em reprovações. As reprovações ou a possibilidade delas têm centralidade na relação entre professores, estudantes e suas famílias, sendo,

muitas vezes, a principal preocupação de todos. Nas situações em que a avaliação de aprendizagem não está claramente a serviço de explicitar a apropriação dos conteúdos pelos estudantes, estes muitas vezes e rapidamente percebem que podem fazer cálculos para "passar de ano" e manobrar a necessidade de se dedicar aos estudos.

A relação pedagógica que pode se dar entre docentes e estudantes acaba submetida à lógica dos resultados. Todos são pressionados: estudantes precisam apresentar resultados, provar que aprenderam, enquanto docentes precisam declarar que sabem o que e quanto aprenderam os estudantes sob sua responsabilidade educacional, concluindo sobre aqueles que eventualmente poderão ou não prosseguir em sua escolarização.

2. *Servir ao controle e à adaptação das condutas sociais dos alunos.* Com a intenção de se conseguir um clima favorável para a aprendizagem, trabalha-se com o aluno na direção de sua submissão e adequação a padrões e normas comportamentais, estabelecidos no interior da escola e considerados socialmente aceitos. Comportamentos pouco verificados nas relações cotidianas, como levantar a mão solicitando autorização para falar ou pedir autorização para ir ao banheiro. Em que outra circunstância isso ocorre, fora da escola? Embora esses comportamentos não tenham impactos sobre as aprendizagens, algumas vezes são considerados requisitos para obtenção de "boas" notas ou conceitos.

A avaliação, servindo para controlar corpos e condutas, ensina sobre a submissão dos mais jovens aos mais velhos, sobre a autoridade proveniente do exercício de um cargo (no caso, do professor ou do diretor escolar), sobre a punição que virá por "mal comportamento", sobre a necessidade de conter o corpo e exercitar a resiliência. Assim, no lugar de informar sobre o que os estudantes sabem ou aprenderam, a avaliação assume o lugar da didática.

Sem negar que os procedimentos avaliativos têm poder e, efetivamente, moldam as condutas dos estudantes, convém ressaltar o caráter conflituoso desse processo, que não se mostra eficiente e não se dá sem resistência por parte dos alunos. Daí o sucesso nem sempre obtido, apesar do contínuo trabalho dos professores para que os alunos acatem e cumpram suas ordens. A desobediência e/ou a resistência do estudante algumas vezes são entendidas como dificuldades para aprender ou mesmo como déficit cognitivo, punidas por meio de baixos conceitos, o que pode levá-lo à reprovação e até a se convencer de ser incapaz de se adaptar à escola. Entretanto, embora não registrada em qualquer documento, há, na escola, a expectativa de certo percentual de aprovação dos alunos, à qual os professores procuram corresponder. Dessa forma, alunos com conceitos baixos, decorrentes das "más" condutas, conseguem, muitas vezes, "recuperar este conceito", pois acabam sendo criadas maneiras de possibilitar-lhes isso. Despontam-se, assim, meios de "controlar esse controle", que possibilitam ao aluno, embora visto como irreverente ou como possuidor de limitações ao aprendizado, conseguir o conceito necessário para sua aprovação. Como exemplo, são citados os trabalhos e exercícios extras propostos pelos professores, que, quando realizados pelo aluno, convertem-se em um conceito de maior valor. De forma semelhante, há os estudos de recuperação, que se têm constituído, na maioria das vezes, numa oportunidade para o aluno melhorar o conceito, não necessariamente o nível de aprendizagem.

3. *Manifestar-se por relações de poder e subordinação.*
As relações de poder e subordinação, presentes na sociedade, reproduzem-se na forma como a escola se organiza e funciona. E, dentre os aspectos específicos da vida da escola, em que se expressam relações autoritárias e hierárquicas, tem-se a avaliação, uma ação unidirecional no seu foco e no seu processo, ou seja, de todos os elementos integrantes do processo escolar, só o aluno é sistematicamente avaliado, e essa avaliação se concretiza, exclusivamente, pelo julgamento que o professor faz dele. Ao professor cabe apreciar o desempenho do aluno e emitir julgamento sobre sua competência, ficando ausente um papel mais ativo do aluno nesse processo, o qual, algumas vezes, nem ao menos tem clareza quanto ao significado do resultado obtido. Não se trata de negar a tarefa avaliativa como uma das funções docentes, mas, sim, de aclarar como esta vem se processando e que efeitos decorrem dela.

A avaliação que o professor faz do aluno tem um poder intrínseco, repercutindo no desempenho escolar. Inúmeros estudos já comprovaram a influência da expectativa do professor sobre o desempenho dos estudantes, pois sua previsão de sucesso ou fracasso escolar tende a se confirmar. O aluno mostra-se, assim, propenso a incorporar o estigma de que é capaz ou incapaz, o que se reflete no seu desempenho.

A forma como se processa a avaliação também contribui para criar nos alunos o consenso sobre as diferenças individuais, justificando as discriminações, pois supostamente a todos são dadas iguais oportunidades educacionais e são os alunos que se comportam de maneira diversa. Desse modo, além de legitimarem a reprodução das hierarquias sociais, sob a aparente igualdade de oportunidades, os destaques recebidos por alguns, entendidos como premiações concorrem para o individualismo e para a competição entre os estudantes.

4. *Ocultar a dimensão social da seletividade escolar.*

   Considerando a existência de causas exteriores, que condicionam as dificuldades e os insucessos dos estudantes, há na escola, por meio de mecanismos mais ou menos explícitos, uma prática discriminatória que acentua o processo seletivo e de manutenção da hierarquia social. Aí se situa o processo de avaliação de aprendizagem, que reflete e é um reflexo da dinâmica escolar.

   A função principal da avaliação, em muitos casos, consiste em discriminar os alunos, ou seja, classificá-los. Esse processo classificatório, que, no dizer dos profissionais, visa selecionar os alunos capazes de prosseguir os estudos na série subsequente, significa, quando visto pela ótica social, a eliminação dos alunos vindos de classes sociais mais desfavorecidas. Essa exclusão se concretiza quando a escola não interage com suas condições concretas de vida. Assim, o saber escolar é transmitido de forma desvinculada da cultura de origem dos alunos, cabendo à avaliação verificar o domínio desse saber; consequentemente, ela não interage com as condições específicas dos alunos das classes populares, não legitimando, nem ao menos considerando, seu saber.

Reprodução das hierarquias

Por meio de avaliações classificatórias está se "dissimulando a seleção social sob a aparência de seleção técnica e legitimando a reprodução das hierarquias sociais pela transmutação das hierarquias sociais em hierarquias escolares".

(BOURDIEU, Pierre; PASSERON, Jean-Claude. *A reprodução*: elementos para uma teoria do sistema de ensino. Rio de Janeiro: Francisco Alves, 1982. p. 114.)

As características aqui destacadas estão presentes na avaliação de aprendizagem que se realiza nas escolas. A manutenção de uma perspectiva classificatória na avaliação de aprendizagem dos estudantes é também a manutenção da "porta giratória". As imagens conhecidas que associam as reprovações e o abandono escolar à porta giratória ou ao funil que derrama estudantes para fora dos muros da escola se caracterizam como um apelo dramático à revisão das concepções que sustentam as práticas de avaliação dos estudantes. As taxas de reprovação e abandono escolar no Brasil, embora venham caindo ano a ano, como resultado de várias políticas públicas, ainda são elevadas, como se registra na tabela a seguir.

Tabela 1 – Taxas de reprovação e abandono escolar. Brasil, 2014-2023

	Abandono			Reprovação		
	Ensino fundamental Anos iniciais	Ensino fundamental Anos finais	Ensino médio	Ensino fundamental Anos iniciais	Ensino fundamental Anos finais	Ensino médio
2014	1,1	3,5	7,6	6,2	11,7	12,1
2015	1	3,2	6,8	5,8	11,1	11,5
2016	0,9	3	6,6	5,9	11,4	11,9
2017	0,8	2,7	6,1	5,2	10,1	10,8
2018	0,7	2,4	6,1	5,1	9,5	10,5
2019	0,5	1,9	4,7	4,3	8,2	9,1
2020	0,9	1,2	2,3	0,6	1,1	2,7
2021	0,8	1,8	5	1,6	2,5	4,2
2022	0,5	1,9	5,7	3,5	6	7,7
2023	0,3	1,2	3,3	2,5	4,8	5,3

Fonte: INEP. Indicadores Educacionais 2014-2023.

As considerações trazidas e os dados apresentados revelam uma cultura avaliativa impregnada nas escolas, alimentada por concepções e práticas de seus atores, a qual precisa ser ressignificada e transformada quando se tem como propósito a garantia do direito à educação.

Dessa forma, ao mesmo tempo que revelam significados dominantes da avaliação nas práticas de professores e outros profissionais da educação, os estudos na área ajudam a enxergar a avaliação como processo de investigação, reflexão e promoção da aprendizagem de todos os estudantes.

Ao explicitar os fins da prática avaliativa, no limite, está-se evidenciando qual é o projeto institucional vigente. Nesse sentido, construir um novo significado para a avaliação escolar não é algo que possa ser apresentado como um modelo a ser implantado em uma dada instituição. A transformação da cultura avaliativa que está impregnada nas instituições supõe um envolvimento dos que a integram na análise do que vem sendo feito. E a partir dessa reflexão é que vão emergir novas ações, que serão construídas no contexto do cotidiano institucional, na interação e confronto entre os diversos projetos que vêm sendo vivenciados.

AVALIAÇÃO A SERVIÇO DAS APRENDIZAGENS

Dentre os diversos objetos do campo da avaliação educacional, a avaliação de aprendizagem se constituiu como foco de pesquisa pioneira na literatura da área. No decorrer dos anos, surgiram inúmeras produções sobre essa temática, que foi também se ampliando em sua conceituação, deixando de ser associada exclusivamente à noção de medida e ganhando o reconhecimento de sua importância como meio de promoção do direito à educação para todos.

Em um primeiro momento, na produção educacional, a avaliação era tratada como medida de habilidade e aptidões dos alunos, realizada por meio de testes. Essa quantificação deveria se revestir de objetividade e neutralidade, mas ainda hoje é possível encontrar marcas dessa velha concepção, embora as contribuições disponíveis na literatura a tenham ampliado, como mencionamos anteriormente.

O educador norte-americano Ralph Winfred Tyler (1902-1994) introduziu o termo "avaliação" nas primeiras décadas do século XX para substituir a ideia de medição de resultados de aprendizagem por meio de testagem. Tyler delineou uma abordagem avaliativa que deveria ser uma descrição e análise do alcance, pelos estudantes, dos objetivos estabelecidos no processo educacional. Ainda assim, até hoje nas escolas não é raro o emprego dos termos "medida" e "avaliação" como equivalentes.

> **Relação entre medida e avaliação**
>
> Heraldo Vianna, importante pesquisador da avaliação educacional registra:
>
>> medir é uma operação de quantificação, em que se atribuem valores numéricos, segundo critérios preestabelecidos, a características dos indivíduos, para estabelecer o quanto possuem das mesmas. [...] Com referência à avaliação, a medida é um passo inicial, às vezes bastante importante, mas não é condição necessária, e nem suficiente, para que a avaliação se efetue. Eventualmente, a medida pode levar à avaliação, que, entretanto, só se realiza quando são expressos julgamentos de valor.
>
> (VIANNA, Heraldo Marelim. A prática da avaliação educacional: algumas colocações metodológicas. *Cad. Pesq.*, São Paulo, v. 69, 1989. p. 41.)

Apesar de haver diversos conceitos de avaliação, há traços em comum entre eles. Assim, podemos dizer que avaliação é:

- um meio de promoção da qualidade e não um fim em si mesma; daí a necessidade de que seja aclarada qual a noção de qualidade que se está assumindo como referência para a avaliação;
- um processo que requer atividades inter-relacionadas e não atividades pontuais e fragmentadas;
- uma prática que tem por finalidade diagnosticar o que os estudantes sabem e mobilizar estudantes e professores para o enfrentamento das dificuldades identificadas.

Retoma-se aqui o mencionado ciclo da avaliação, expresso no capítulo anterior. A avaliação envolve a necessidade de coletar informações sobre o objeto avaliado, a fim de analisar essa informação a partir de determinados critérios. Também envolve a ideia de julgamento, quando indica a necessidade de se atribuir um valor ou qualidade. Com base nos resultados obtidos, demanda tomada de decisão em relação ao objeto avaliado.

O desafio é superar uma concepção de avaliação que se traduz na classificação dos estudantes e no controle de seus comportamentos, por meio de relações predominantemente punitivas, que se confundem com "provas" e atribuição de notas ou conceitos pelo professor. Isso significa aminhar em direção a uma avaliação que contribua para o processo de apropriação e construção de conhecimento pelo aluno, em que se reconhece, como sujeitos, todos os integrantes da organização escolar, constituindo-se em um processo abrangente e contínuo, que integra o planejamento escolar em uma dimensão educativa.

> **Avaliação como processo
> de apropriação e construção de conhecimento**
>
> Maria Teresa Esteban, pesquisadora da avaliação de aprendizagem, defende:
>
>> avaliar para [...] revelar o que o aluno já sabe, os caminhos que percorreu para alcançar o conhecimento demonstrado, seu processo de construção de conhecimentos, o que o aluno não sabe, o que pode vir a saber, o que é potencialmente revelado em seu processo, suas possibilidades de avanço e suas necessidades para que a superação, sempre transitória, do não saber possa ocorrer.
>
> (ESTEBAN, M. T. *Avaliação*: uma prática em busca de novos sentidos. 4. ed. Rio de Janeiro: DP&A, 1997. p. 19.)

Os acertos e erros nas produções dos estudantes são evidências que devem ser consideradas pelo professor e também pelo aluno – sujeito do processo de aprendizagem e, consequentemente, sujeito da avaliação – que apoiam decisões e ações que visam ao contínuo aprimoramento dos processos de ensino e de aprendizagem. Uma contribuição importante nessa direção significa tratar o erro como um meio de promoção da aprendizagem.

Oportuno lembrar que notas ou conceitos não são avaliação, são representações sintéticas das condições que o aluno apresenta face a padrões previamente estabelecidos. Ou seja, são expressões resultantes de critérios estabelecidos pelo professor, por exemplo, o de que a nota 10 representaria o alcance pleno dos objetivos de aprendizagem de um determinado conteúdo em um determinado período avaliado. Essa nota final poderia ser obtida por meio de verificações realizadas com diferentes instrumentos ou apenas com uma prova. O modo de conceber e conduzir a avaliação tem potencial de induzir – ou não – ao engajamento dos estudantes em suas interações e trajetórias escolares.

A avaliação de aprendizagem deve, sempre que possível, relacionar os resultados do desempenho escolar dos estudantes com os contextos em que as aprendizagens e sua avaliação se produzem na escola. Isso permitirá explicitar as condições em que os resultados foram alcançados ou produzidos.

FUNÇÕES DA AVALIAÇÃO DE APRENDIZAGEM

São diversas as funções atribuídas à avaliação. A opção feita neste livro é tratar das funções da avaliação de aprendizagem relacionadas aos momentos em que ela se realiza no decorrer do processo escolar, como uma prática que tem por fim, essencialmente, apoiar e orientar os processos de planejamento e replanejamento do trabalho de professores e estudantes.

Entre as funções da avaliação, exploradas na literatura, a classificação do aluno, ao fim de um bimestre, trimestre, semestre ou curso, é a menos enfatizada. São ressaltadas como funções básicas o diagnóstico e a retroinformação. Embora articuladas entre si, são funções que se realizam, de modo preponderante, em diferentes momentos do processo escolar e cumprem propósitos específicos. O quadro a seguir apresenta as funções básicas da avaliação de aprendizagem e os momentos em que essas funções ocorrem ao longo de um período letivo.

Quadro 3 – Funções da avaliação de aprendizagem e momentos de sua realização

	Diagnóstica	Formativa	Somativa
Função	Caracterizar o aluno no que diz respeito a interesses, necessidades, conhecimentos e/ou habilidades. Identificar causas das dificuldades de aprendizagem em qualquer momento da trajetória escolar.	Evidenciar os resultados alcançados no processo de ensino e de aprendizagem, apoiando o replanejamento do trabalho com base nas informações obtidas.	Analisar a progressão de cada estudante após um dado período letivo, cumprindo, usualmente, uma função classificatória e certificadora.
Momento	No início de um período letivo e, também, no decorrer do trabalho em situações em que sejam identificadas dificuldades acentuadas dos estudantes na interação com o trabalho escolar.	No decorrer do processo de ensino e de aprendizagem, de modo contínuo e cumulativo.	Ao final de uma etapa ou período letivo.

A função diagnóstica na avaliação de aprendizagem, quando realizada no início de um ano letivo ou de um curso, permite ao professor conhecer características dos estudantes com os quais vai trabalhar, tanto em relação a conhecimentos escolares julgados relevantes como pré-requisitos para a realização do plano de ensino previsto, quanto em suas características pessoais e de vida.

As informações servem à definição final do plano de ensino a ser implementado com o grupo de estudantes com o qual se vai trabalhar, bem como para identificar a necessidade de algum tipo de atendimento diferenciado para estudantes específicos.

A avaliação cumpre também função diagnóstica quando, no decorrer do desenvolvimento do trabalho escolar, o professor identifica que o estudante vem apresentando limitações para a realização de atividades escolares ou mesmo evidenciando dificuldades em suas interações e relações no âmbito escolar. Às vezes, essas manifestações podem ocorrer de modo relacionado entre si.

A função formativa da avaliação de aprendizagem supõe a coleta contínua de informações sobre o desempenho dos estudantes e suas interações e relações escolares, o que pode dar suporte a possíveis revisões do plano de ensino, bem como para iniciativas de atendimento individualizado dos estudantes, propiciando novas situações de ensino e promovendo a aprendizagem.

A legislação educacional brasileira prevê a obrigatoriedade de oferta do que denomina estudos de recuperação para os estudantes que apresentem baixo rendimento escolar. O termo "recuperação", porém, não é adequado, pois "não se recupera o que não se aprendeu". Ou seja, o que se faz necessário é proporcionar aos estudantes novas oportunidades de aprendizagem, de modo que lhes seja possível atingir os objetivos determinados para a etapa de ensino correspondente.

Proporcionar outros tempos e espaços aos estudantes não deve ser encarado como iniciativa desvinculada do processo de ensino, mas, sim, como um procedimento necessário, cuja proposição deve se ancorar nos resultados dos processos de avaliação. Afinal, a avaliação é parte do processo de ensino e propicia retroalimentação do processo, não só para o professor avaliar o progresso do aluno, mas também para avaliar sua própria prática.

As informações obtidas em processo, com função formativa, podem, também, remeter à análise de aspectos relativos ao próprio funcionamento da escola, que extrapolam a sala de aula e remetem a ações e decisões de diversos sujeitos que integram o ambiente escolar: gestores, professores, estudantes e funcionários.

Agora passamos à função somativa. Embora tenha um caráter pontual, ela deve levar em conta as informações coletadas no decorrer do processo de ensino e de aprendizagem. Portanto, decisões que se dão ao final de uma etapa ou período letivo precisam ser decorrentes das etapas de avaliação de aprendizagem realizadas por meio das funções diagnóstica e formativa.

Como sintetiza resultados ao final de uma etapa do processo de ensino e de aprendizagem, a função somativa possibilita que esses resultados sejam utilizados com função diagnóstica em relação às etapas de escolarização subsequentes. Quando se tratar de finalização de uma dada etapa de escolarização, os resultados servem essencialmente para atestar e certificar a terminalidade da respectiva etapa.

As considerações feitas até aqui tomam como desejável a adoção, pela escola, de uma perspectiva criterial na avaliação de aprendizagem, pois o que se espera é que todos os estudantes alcancem os objetivos estabelecidos para um dado período escolar. A referência para análise da aprendizagem é dada pelos critérios estabelecidos como desejáveis. Esse modo de conceber a avaliação supõe a definição prévia dos objetivos e critérios que serão tomados como referência para os julgamentos e decisões, os quais devem ser conhecidos antecipadamente pelos estudantes.

A perspectiva normativa tem como referência a comparação do desempenho de cada estudante com o desempenho médio da turma para julgamento. Esse procedimento resulta em níveis distintos de aprendizagem entre turmas de um mesmo ano ou etapa de escolarização, pois se aceitam resultados diferenciados em comparação com a posição relativa do estudante em relação ao grupo. Não há, necessariamente, o compromisso com cada estudante para que este alcance os objetivos esperados.

> **Sobre as funções da avaliação de aprendizagem**
>
> Ocimar Alavarse, pesquisador da avaliação educacional, diz:
>
>> tradicionalmente, os resultados da avaliação de aprendizagem são utilizados para decidir, ao final do período letivo, sobre a progressão de cada aluno, ou, em termos mais conhecidos, para decidir quem 'passará de ano' ou quem 'será reprovado', enfatizando, com isso sua função somativa, isto é, realizada ao final do processo pedagógico. Como consequência, na escola, quase tudo parece ser encaminhado para as decisões do final do processo, exacerbando essa função da avaliação e, adicionalmente, focando, quase que exclusivamente, no aluno, pois raramente se encontra avaliação dos processos e dos programas de ensino.
>
> (ALAVARSE, Ocimar. Avaliações externas e seus efeitos. *Anais da Mostra do CAEM 2015: 30 anos de formação continuada de professores de matemática*, v. 1, p. 1-8, 2015. Disponível em: https://www.ime.usp.br/caem/anais_mostra_2015/arquivos_auxiliares/mesas/Mesa3_Ocimar_Alavarse.pdf. Acesso em: 9 set. 2024.)

SUJEITOS DA AVALIAÇÃO DE APRENDIZAGEM

A avaliação com o estudante, e não do estudante, é um caminho promissor para que ele se envolva em seus processos formativos. O modo de conceber e conduzir a avaliação pode – ou não – estimular o crescimento do estudante para que ele se conheça melhor e desenvolva a capacidade de aprender e de se autoavaliar.

Considerar os estudantes como sujeitos e não objetos da avaliação favorece a sua análise e compreensão quanto ao desempenho escolar, suas facilidades e dificuldades de aprendizagem, o que tende a motivá-los a buscar caminhos que lhes possibilitem enfrentar e superar entraves que se apresentem em sua trajetória.

Mas isso significa também assumir que o estudante é sujeito da aprendizagem. Aqui se tem uma das contradições que evidenciam a necessidade de revisão dos processos didáticos e avaliativos na escola:

quando a avaliação de aprendizagem, na qual os estudantes são objetos, informa que alguns não aprenderam, a interpretação usual é de que estes foram incapazes ou pouco dedicados, uma vez que foram, como os demais, expostos ao conteúdo avaliado. Essa interpretação tornando-os responsáveis por seus resultados e sujeitos de suas aprendizagens.

Acolher os estudantes como sujeitos é um movimento que pode mobilizá-los para que, em lugar de circunscreverem sua preocupação à obtenção de nota ou conceito ao final do ano letivo, se comprometam com sua aprendizagem e se proponham, se necessário, a redirecionar interações com o trabalho escolar.

Sem negar que a avaliação de aprendizagem se realiza sob responsabilidade principal dos professores, o que se discute é ampliar a participação nesse processo, envolvendo outros atores escolares, em particular os estudantes, combinando movimentos de autoavaliação e heteroavaliação.

A autoavaliação consiste em cada estudante avaliar o próprio desempenho, seus avanços, bem como suas dificuldades, em determinados momentos do processo de aprendizagem, em refazer de modo sistemático o percurso de aprendizagem realizado, seja ela considerada suficiente, seja insuficiente pelos professores. Já a heteroavaliação implica a participação de todos na avaliação dos diversos integrantes do grupo, com base em objetivos estabelecidos coletivamente.

Na literatura é também mencionada a coavaliação, quando os integrantes da escola se avaliam mutuamente, assumindo ora o lugar de avaliador, ora de avaliado.

Perrenoud, sociólogo suíço e referência no debate sobre avaliação educacional, realça, em seu artigo de 1999 "Não mexam na minha avaliação!: para uma abordagem sistêmica da mudança pedagógica", que estimular o estudante à análise de seu processo de construção do conhecimento tem potencial de favorecer a autorregulação, entendida como a capacidade de o sujeito gerir seus projetos, progressos, estratégias mediante tarefas e obstáculos.

Nesse entendimento a tarefa de avaliar não é exclusiva do professor, mas se estende a outros participantes do processo educacional, podendo envolver, além dos estudantes, outros atores, como técnicos e gestores escolares e pais ou responsáveis. Promover espaços de diálogo entre diferentes sujeitos possibilita a análise do desempenho dos estudantes em relação com condicionantes do trabalho escolar e do contexto familiar. Assim, deixa-se de atribuir exclusivamente ao estudante a responsabilidade pelo sucesso ou fracasso escolar.

PROCEDIMENTOS

Procedimentos de avaliação são os meios utilizados pelo avaliador para a obtenção de informações que apoiem julgamentos e decisões do objeto em análise. No caso da avaliação de aprendizagem, o propósito é a seleção de meios que permitam, aos atores escolares, obter evidências que apoiem o julgamento do alcance ou não dos objetivos trabalhados em uma dada etapa do processo escolar.

Portanto, não se pode afirmar abstratamente qual ou quais são os melhores procedimentos a serem adotados para realizar a avaliação. A escolha dos caminhos a serem trilhados é pautada pelo que se pretende avaliar, buscando uma adequação ideal e eficaz potencialidade dos procedimentos escolhidos para trazer informações que deem suporte à aprendizagem dos estudantes e às propostas e práticas de ensino.

Nesse contexto, então, procedimento é o conjunto de estratégias utilizadas para realizar a avaliação, ao passo que seus instrumentos avaliativos devem contemplar, necessariamente, a descrição da situação encontrada, a análise, o julgamento e a tomada de decisão. O quadro a seguir registra alguns dos procedimentos e instrumentos usualmente empregados na avaliação de aprendizagem, com exemplos para elaboração de questões e para o uso dos resultados.

Quadro 4 – Procedimento, instrumentos e usos na avaliação de aprendizagem

Procedimento	Instrumento	Exemplos de questões	Exemplos de usos dos resultados
Verificação de aprendizagens ou de conhecimentos	Provas ou exercícios com questões fechadas, de múltipla escolha ou oposições (falso/verdadeiro; sim/não). Provas dissertativas ou exercícios (individuais ou em pequenos grupos).	Descreva... Comente... Resolva... Identifique... Interprete... Calcule...	Conhecer o que os alunos sabem. Conhecer as dificuldades que os alunos apresentam para responder. Conhecer o que os alunos ainda precisam conhecer ou exercitar em relação aos conceitos/conteúdos.
Autoavaliação ou verificação de metacognição	Entrevistas com ou sem roteiros prévios. Registros pessoais com ou sem roteiros prévios. Portfólios. Questionários.	O que você aprendeu? O que você não aprendeu? Quais foram as situações que mais ajudaram a aprender? Quais foram as situações que menos ajudaram a aprender? Você realizou todas as atividades propostas? Você colaborou com seus colegas? Você ouviu seus colegas? Você comentou trabalhos de seus colegas de modo respeitoso? Você contribuiu com os debates trazendo informações ou reflexões?	Conhecer o que os alunos identificam como aprendizagens. Conhecer quais procedimentos metodológicos mais ou menos contribuem para a aprendizagem. Conhecer as percepções dos alunos sobre seus desempenhos.

Verificação do uso das aprendizagens ou dos conhecimentos	Seminários e debates (individuais, em pequenos ou grandes grupos). Observações. Realização de intervenções ou projetos autorais.	Elabore... Produza... Construa... Analise... Debata... Avalie...	Conhecer como os alunos mobilizam conhecimentos para a realização de uma tarefa/atividade/projeto. Conhecer as possibilidades de criação de novos conhecimentos/soluções. Conhecer o que os alunos ainda precisam conhecer ou exercitar para a produção de intervenções e projetos autorais.

Quando o objetivo da avaliação de aprendizagem é conhecer o que os estudantes sabem, é possível organizar procedimentos de checagem de conhecimentos. As provas são os instrumentos mais utilizados nesses casos, uma vez que permitem, por meio de questões orientadoras ou verificadoras, obter respostas "certas" ou que indiquem que aquele estudante aprendeu um determinado conceito ou conteúdo escolar ou que domina uma determinada habilidade.

Nas situações nas quais se pretende conhecer o caminho percorrido pelo estudante para aprender ou para se apropriar de determinado conteúdo, conceito ou habilidade, os roteiros de autoavaliação ou de sistematização dos percursos intelectuais podem ser instrumentos valiosos. Por fim, quando se pretender conhecer o que os estudantes fazem com o que sabem, os instrumentos assumem uma complexidade maior, sendo necessário criar situações de produção e de intervenções na realidade.

Os exemplos registrados a seguir são apenas ilustrativos das possibilidades, uma vez que a elaboração de cada instrumento deve responder ao complexo emaranhado de situações e condições que se quer apreender. Instrumentos, ainda que sofisticados, sempre poderão revelar mais ou menos sobre aquilo que se pretende verificar ou conhecer, mas os cuidados na elaboração podem potencializar revelações sobre o objeto em análise e, em decorrência, o uso de seus resultados.

A verificação de aprendizagens ou de conhecimentos é o procedimento mais usual nas escolas e bastante conhecido por todos os que passaram por elas. Mesmo sendo conhecido, é importante que os estudantes saibam como o instrumento será aplicado e quais serão os critérios utilizados para a correção do instrumento. Por exemplo, na elaboração de respostas textuais para História, além do conhecimento do tema exposto, pode-se solicitar que os estudantes se atentem para o modo como apresentam as respostas: a riqueza de vocabulário, a criatividade, a estrutura das frases que rompe com a monotonia do texto, o uso formal da gramática, a não repetição de palavras, os cuidados com a ortografia, a sustentação de argumentos, a clareza na exposição das ideias e a legibilidade do texto, entre outros critérios. Conhecendo os critérios com antecedência, os estudantes poderão cuidar mais e melhor de suas produções e os professores terão mais segurança ao julgá-las, uma vez que a nota poderá expressar a apreciação realizada a partir do conjunto de critérios previamente definido e comunicado. Numa situação como essa, os estudantes poderão compreender seus resultados mais facilmente e, também, antecipar a "nota", pois, sabendo que a legibilidade do texto é um critério e que entregou um texto com muitos rabiscos ou com muitas indicações para conduzir a leitura, saberá também que nesse quesito sua performance esteve comprometida.

A autoavaliação é um procedimento cada vez mais presente, mas ainda controverso em sala de aula. Solicitar que os estudantes se autoavaliem demanda a organização prévia de um roteiro para orientar essa autoavaliação. Isso porque a autoavaliação também é um conhecimento que se aprende na escola e é resultado de uma reflexão e da exposição de argumentos que apoiem o resultado. O que é necessário sistematizar para realizar uma autoavaliação? Não se trata apenas do registro de opiniões ou percepções dos estudantes sobre si mesmos ou sobre seus resultados e desempenhos escolares, mas de sistematizar e compreender o percurso do aprender. Um roteiro poderá demandar que os estudantes se apropriem ou que revelem seus modos de estudar e aquilo que mais funciona e também aspectos do entorno que podem favorecer as aprendizagens. Quando, por exemplo, o roteiro demanda que o estudante informe sobre suas interações com os materiais de estudo e com seus colegas em situação de estudo, registrando o que ajuda e o que atrapalha, tem-se informação para que o professor organize atividades mais favorecedoras das aprendizagens e para que o próprio estudante se coloque mais vezes em situações favorecedoras e de engajamento, segundo a sua compreensão.

O procedimento menos explorado nas salas de aula é a verificação do uso que os estudantes fazem dos conhecimentos ou das aprendizagens escolares, mas seu potencial de informar a avaliação de aprendizagem é, talvez, ainda maior do que os demais procedimentos. Nas situações em que os estudantes são convocados a realizar um projeto ou uma intervenção autoral, o que se verifica é a mobilização de conhecimentos e habilidades presentes e latentes. O passo a passo para a elaboração e execução de um projeto ou intervenção, quando acompanhado de avaliações e autoavaliações, pode possibilitar a atribuição de sentido, pelos estudantes, àquilo que foi ensinado ou dos conteúdos escolares: "Ah! Agora entendi por que precisei aprender a calcular velocidade, ou por que precisei aprender sobre as grandes guerras, ou sobre a função das mitocôndrias".

Destaca-se, mais uma vez, a necessidade de antecipar procedimentos, instrumentos e critérios de avaliação que podem permitir que os estudantes compreendam a avaliação de aprendizagem como um mecanismo que permite conhecer o que se sabe, como se sabe e o que se faz com o que se sabe, portanto, fundamental para continuar aprendendo, para tomar decisões individuais e coletivas e para revelar os sentidos dos conhecimentos escolares.

As informações coletadas por meio de procedimentos de verificação de conhecimentos, autoavaliação e/ou verificação de usos dos conhecimentos trazem elementos para julgar o alcance dos objetivos previstos em uma dada etapa de ensino. No entanto, é desejável que o professor analise essas informações para identificar também o alcance de resultados não previstos, os quais podem ser não desejáveis ou indicarem que os estudantes extrapolaram positivamente as expectativas iniciais estabelecidas.

BREVES REFERÊNCIAS À LEGISLAÇÃO NACIONAL

Como vem sendo tratada a avaliação na legislação brasileira em âmbito federal desde os anos 1930? Concepções e práticas vigentes até hoje muitas vezes expressam marcas desse percurso. Esta seção é baseada em um texto que Sandra Zákia Sousa escreveu sobre Lei de Diretrizes e Bases da Educação Nacional em vigor desde 20 de dezembro de 1996 (Lei n. 9.394 - LDBEN/96).

A LDBEN/96 dispõe em seu art. 24, inciso V, sobre a avaliação do rendimento escolar. Ao tratar do assunto, contempla a aceleração de estudos, a possibilidade de avanço na trajetória escolar e estudos de recuperação nos seguintes termos:

Art. 24 - V - A verificação do rendimento escolar observará os seguintes critérios:
a) avaliação contínua e cumulativa do desempenho do aluno, com prevalência dos aspectos qualitativos sobre os quantitativos e dos resultados ao longo do período sobre os de eventuais provas finais;
b) possibilidade de aceleração de estudos para alunos com atraso escolar;
c) possibilidade de avanço nos cursos e nas séries mediante verificação do aprendizado;
d) aproveitamento de estudos concluídos com êxito;
e) obrigatoriedade de estudos de recuperação, de preferência paralelos ao período letivo, para os casos de baixo rendimento escolar, a serem disciplinados pelas instituições de ensino em seus regimentos.

Essa lei foi objeto de regulamentação do Conselho Nacional de Educação/Câmara de Educação Básica, por meio do Parecer 05/97, complementado pelo Parecer 12/97, os quais esclarecem sobre aspectos concernentes à aplicação da LDBEN. Quanto à avaliação, seguem-se alguns destaques:

- O rendimento escolar é responsabilidade da escola, por instrumentos previstos no regimento escolar e observadas as diretrizes da LDBEN.
- O rendimento escolar não deve abarcar aproveitamento e assiduidade, pois: "A verificação se dá por meio dos instrumentos próprios, busca detectar o grau de progresso do aluno em cada conteúdo e o levantamento de suas dificuldades visando à sua recuperação. O controle de frequência contabiliza a presença do aluno nas atividades escolares programadas, das quais está obrigado a participar de pelo menos 75% do total da carga horária prevista. Deste modo, a insuficiência revelada na aprendizagem pode ser objeto de correção, pelos

processos de recuperação a serem previstos no regimento escolar. As faltas, não".
- A avaliação é tratada como processo que busca "detectar o grau de progresso do aluno em cada conteúdo".
- A avaliação é um meio de verificar o alcance de objetivos visados, que não necessariamente se restringem ao domínio de conteúdo, ou seja: "Estudo e avaliação devem caminhar juntos, como é sabido, esta – a avaliação – é o instrumento indispensável, para permitir que se constate em que medida os objetivos colimados foram alcançados".
- A avaliação não tem função classificatória, que vise subsidiar a decisão de promoção ou retenção do aluno, como sugere este trecho: "[...] é importante assinalar, na nova lei, a marcante flexibilização introduzida no ensino básico, como se vê nas disposições contidas nos artigos 23 e 24, um claro rompimento com a 'cultura da reprovação'. O norte do novo diploma legal é a educação como um estimulante processo de permanente crescimento do educando – 'pleno desenvolvimento' – onde notas, conceitos, créditos ou outras formas de registro acadêmico não deverão ter importância acima do seu real significado. Serão apenas registros passíveis de serem revistos segundo critérios adequados, sempre que forem superados por novas medidas de avaliação, que revelem progresso em comparação a estágio anterior, por meio de avaliação, a ser sempre feita durante e depois de estudos visando à recuperação de alunos com baixo rendimento".
- São previstas alternativas para flexibilização dos procedimentos de classificação e promoção do aluno, por meio da aceleração de estudos, avanço nos cursos e nos anos/nas séries mediante verificação do aprendizado e/ou aproveitamento de estudos concluídos com êxito.

Trecho da Resolução n. 4/2010, do Conselho Nacional de Educação, em seu capítulo II, seção I, trata da avaliação de aprendizagem e assim expressa o sentido e o compromisso da avaliação, em seu no art. 47, parágrafo primeiro:

> A avaliação de aprendizagem baseia-se na concepção de educação que norteia a relação professor-estudante-conhecimento-vida em movimento, devendo ser um ato reflexo de reconstrução da prática pedagógica avaliativa, premissa básica e fundamental para se questionar o educar, transformando a mudança em ato, acima de tudo, político.
>
> § 1º A validade da avaliação, na sua função diagnóstica, liga-se à aprendizagem, possibilitando o aprendiz a recriar, refazer o que aprendeu, criar, propor e, nesse contexto, aponta para uma avaliação global, que vai além do aspecto quantitativo, porque identifica o desenvolvimento da autonomia do estudante, que é indissociavelmente ético, social, intelectual.

Nota-se que tanto a literatura da área quanto as orientações legais apresentam uma concepção de avaliação em que os resultados das produções dos alunos (seus acertos, erros, sucessos e fracassos) constituem-se em evidências que devem ser consideradas pelo professor e também pelo aluno – sujeito do processo de aprendizagem e, consequentemente, sujeito da avaliação – como condição para o contínuo aprimoramento dos processos de ensino e de aprendizagem.

A Lei n. 9.394/96 prevê a obrigatoriedade da escola e dos docentes garantirem estudos de recuperação para os estudantes com atraso escolar. O Parecer CNE n. 5/97 assim trata desse assunto:

> Os estudos de recuperação continuam obrigatórios, e a escola deverá deslocar a preferência dos mesmos para o decurso do ano letivo. Antes, eram obrigatórios entre os anos ou períodos letivos regulares. Esta mudança aperfeiçoa o processo pedagógico,

uma vez que estimula as correções de curso, enquanto o ano letivo se desenvolve, do que pode resultar apreciável melhoria na progressão dos alunos com dificuldades que se projetam nos passos seguintes. Há conteúdos nos quais certos conhecimentos se revelam muito importantes para aquisição de outros com eles relacionados. A busca da recuperação paralela se constitui em instrumento muito útil nesse processo. Aos alunos que, a despeito dos estudos paralelos de recuperação, ainda permanecem com dificuldades, a escola poderá voltar a oferecê-los depois de concluído o ano ou período letivo regular, por atores e instrumentos previstos na proposta pedagógica e no regimento escolar.

Em uma proposta de avaliação que se pretenda formativa, os estudos de "recuperação" são inerentes ao processo escolar. Como já alertado neste capítulo, "não se recupera o que não se aprendeu". Caso se constate, por meio da avaliação, a não aprendizagem, o encaminhamento consequente é a oferta de novas situações de ensino que visem a oportunizar, ao estudante, aprendizagem.

No que se refere à educação infantil, oferecida em creches e pré-escola, a legislação prescreve e enfatiza que a avaliação far-se-á mediante acompanhamento e registro do desenvolvimento das crianças, sem o objetivo de promoção, seja no decorrer da própria educação infantil, seja para o acesso ao ensino fundamental, não se prestando a finalidades classificatórias.

A avaliação das crianças, dever e competência da escola, é necessária, tendo como referência os objetivos estabelecidos no projeto pedagógico da instituição. As Diretrizes Curriculares Nacionais para a Educação Infantil (Resolução CNE/CEB n. 5, de 18/12/2009) explicitam, no art. 10, que as instituições de Educação Infantil devem criar procedimentos para acompanhamento do trabalho pedagógico e para avaliação do desenvolvimento das crianças, sem objetivo de seleção, promoção ou classificação, garantindo:

I) a observação crítica e criativa das atividades, das brincadeiras e interações das crianças no cotidiano;
II) utilização de múltiplos registros realizados por adultos e crianças (relatórios, fotografias, desenhos, álbuns etc.);
III) a continuidade dos processos de aprendizagens por meio da criação de estratégias adequadas aos diferentes momentos de transição vividos pela criança (transição casa/instituição de Educação Infantil, transições no interior da instituição, transição creche/pré-escola e transição pré-escola/;
IV) documentação específica que permita às famílias conhecer o trabalho da instituição junto às crianças e os processos de desenvolvimento e aprendizagem da criança na Educação Infantil;
V) a não retenção das crianças na Educação Infantil.

As sucintas referências à legislação permitem evidenciar que as prescrições, relativas à educação básica, reiteram os aportes explorados na literatura, que enfatizam ser a avaliação um meio de promoção do contínuo aprimoramento dos processos de ensino e aprendizagem.

MUDAR O SENTIDO DA AVALIAÇÃO DE APRENDIZAGEM?

Retomam-se aqui as questões anunciadas como nucleares para o debate sobre a avaliação de aprendizagem, no início deste capítulo:

- A que finalidades vem servindo a avaliação?
- Tal como tendencialmente concebida e vivenciada na escola, a avaliação tem servido à democratização da educação?
- Quem são os sujeitos da avaliação?

As práticas escolares parecem não ter se modificado ao longo do tempo, mantendo-se inadequadas as respostas a essas questões:

a avaliação de aprendizagem vem servindo para classificar e excluir. Portanto, está na direção contrária à democratização da educação e um dos motivos para a manutenção dessa perspectiva é tratar os estudantes como objetos da avaliação.

As práticas avaliativas são uma das formas de concretização de um dado projeto educacional e social. Assim, buscar um redirecionamento de concepções e práticas de avaliação dominantes nas escolas é uma questão que só vai se colocar para quem tem um projeto diferente ou divergente daquele que tem sido hegemônico, pois o desvelamento dos princípios que norteiam as práticas avaliativas e a sua análise, nas dimensões técnica, política e ideológica, precisam estar ancorados no desejo de mudança.

> ### Conscientização para mudança da avaliação
>
> Celso Vasconcellos, pesquisador da avaliação de aprendizagem, diz:
>
> > [Se apenas o discurso resolvesse], não teríamos mais problemas com a avaliação [...]. Para se atingir um nível mais profundo de conscientização, o parâmetro deve ser colocado em termos de mudança da prática. O educador pode ler um texto que critica o uso autoritário da avaliação, concordar com ele e continuar com o mesmo tipo de avaliação. A conscientização é um longo processo de ação-reflexão-ação; não acontece "de uma vez", seja com um curso ou com a leitura de um texto. Quando se tenta mudar o tipo de avaliação é que se pode ter a real dimensão do grau de dificuldade da transformação, bem como do grau de conscientização do grupo de trabalho. As ideias se enraízam a partir da tentativa de colocá-las em prática. Vai-se ganhando clareza à medida que se vai tentando mudar e refletindo sobre isto, coletiva e criticamente.
>
> (VASCONCELLOS, Celso S. Avaliação: concepção dialético-libertadora do processo de avaliação escolar. *Cadernos Pedagógicos do Libertad*, São Paulo, 1993. p. 53.)

Para saber mais

Aula de Sandra Zákia Sousa sobre o histórico da avaliação de aprendizagem, orginalmente produzida para a Univesp. Está disponível em https://www.youtube.com/watch?v=63m2WVmN4OQ.

A mesma Univesp disponibiliza outro vídeo, em que se debate sobre as avaliações formativas e somativas, disponível em https://www.youtube.com/watch?v=G5VEkMf5DRk.

Indicações de leitura

BEISIEGEL, C. de R. *A qualidade do ensino na escola pública*. Brasília: Líber Livro, 2005.
BOURDIEU, Pierre; PASSERON, Jean-Claude. *A reprodução:* elementos para uma teoria do sistema de ensino. Rio de Janeiro: Francisco Alves, 1982.
LUCKESI, Cipriano C. Verificação ou avaliação: o que pratica a escola? A construção do projeto de ensino e avaliação. *Ideias*, n. 8, São Paulo, p. 73-80, 1990.
LUCKESI, Cipriano Carlos. *Prática escolar*: do erro como fonte de castigo ao erro como fonte de virtude. *Série Ideias*, n. 8, São Paulo, FDE, p. 133-140, 1998.
PERRENOUD, Philippe. *Avaliação*: da excelência à regulação das aprendizagens – entre duas lógicas. Porto Alegre: Artmed, 1999.
PERRENOUD, Philippe. Não Mexam na minha avaliação! Para uma abordagem sistêmica da mudança pedagógica. In: ESTRELA, Albano; NÓVOA, Antonio (Orgs.). *Avaliações em educação*: novas perspectivas. Porto: Porto Editora, 1999.
SOUSA, Sandra Zákia. Avaliação de aprendizagem: a busca de caminhos no âmbito de projetos interdisciplinares. In: REGATTIERI, Marilza; CASTRO, Jane Margareth (Orgs.). *Currículo do ensino médio*: textos de apoio Brasília, DF: Unesco, 2018.
SOUSA, Sandra Zákia. Avaliação de aprendizagem na legislação nacional: dos anos 1930 aos dias atuais. *Estudos em avaliação educacional*, v. 20, n. 44, p. 453-470, 2009.
SOUSA, Sandra Zákia. As práticas de avaliação de aprendizagem como negação do direito à educação. In: CAPPELLETTI, Isabel Franchi (Org.). *Avaliação de aprendizagem*: discussão de caminhos. São Paulo: Editora Articulação Universidade/Escola, 2007. v. 1. p. 75-97.
SOUSA, Sandra Zákia. *Avaliação de aprendizagem na escola de 1º grau*: legislação, teoria e prática. São Paulo, 1986. Dissertação (Mestrado) – Pontifícia Universidade Católica (PUC-SP), 1986.
SOUSA, Sandra Zákia. *Avaliação de aprendizagem*: natureza e contribuições da pesquisa no Brasil, no período de 1980 a 1990. São Paulo, 1994. Tese (Doutorado) – Universidade de São Paulo (USP), 1994.
SOUSA, Sandra Zákia. Avaliação de aprendizagem: teoria, legislação e prática no cotidiano de escolas de 1º grau. *Série Ideias*, n. 8, São Paulo, FDE, p. 106-114, 1998.
SOUSA, Sandra Zákia. Avaliação escolar e democratização: o direito de errar. In: AQUINO, J. G. (Org.). *Erro e fracasso na escola*: alternativas teóricas e práticas. São Paulo: Summus, 1997. p. 125-139.

SOUSA, Sandra Zákia. Avaliação na escola básica: controvérsias e vicissitudes de significados. In: FERNANDES, Cláudia de Oliveira (Org.). *Avaliação das aprendizagens*: sua relação com o papel social da escola. São Paulo: Cortez, 2014. v. 1. p. 93-112.

SOUSA, Sandra Zákia. Ensino médio: perspectivas de avaliação. *Retratos da Escola*, Brasília, DF, v. 5, n. 8, p. 99-110, jan./jun. 2011.

SOUSA, Sandra Zákia. O Significado da Avaliação de aprendizagem na Organização do Ensino em Ciclos. *Pro-Posições*, Campinas, v. 9, n. 3(27), p. 84-93, 1998.

SOUSA, Sandra Zákia.; BARRETTO, Elba Siqueira de Sá (Coords.). *Estado do Conhecimento – ciclos e progressão escolar (1990-2002)*: relatório final. São Paulo: FEUSP, out. 2004.

VASCONCELLOS, Celso S. Avaliação: concepção dialético-libertadora do processo de avaliação escolar. *Cadernos Pedagógicos do Libertad*, São Paulo, 1993.

VIANNA, Heraldo M. Avaliação Educacional – problemas gerais e formação do avaliador. *Educação e Seleção*, São Paulo, n. 5, p. 9-14, 1982.

Avaliação em larga escala da educação básica

Este capítulo aborda os delineamentos usualmente adotados no Brasil para a avaliação da educação básica.

Em vários países do mundo as avaliações externas e em larga escala foram adotadas como mecanismos ou procedimentos de verificação de qualidade e de prestação de contas, adentrando as escolas e salas de aula, muitas vezes, sem qualquer debate ou esclarecimento. Isso explica em parte a resistência de professores e demais profissionais das escolas em utilizar seus resultados, atribuir sentido ou mesmo se identificar com eles.

Essa vertente avaliativa da educação tem como objetivo fornecer um julgamento imparcial e padronizado do desempenho dos estudantes em diferentes níveis e etapas da escolarização, e não apenas informar sobre o desempenho individual do estudante. Ela pode oferecer pistas para a avaliação da eficácia das metodologias de ensino, do currículo e até mesmo da qualidade geral do sistema educacional.

A avaliação externa e em larga escala do desempenho dos estudantes tem sido adotada no Brasil como o principal mecanismo para aferir a qualidade da educação básica. Ela teve início por aqui nos anos 1990, quando foi criado o Sistema Nacional de Avaliação da Educação Básica (Saeb) e, ainda na mesma década, o Exame Nacional do Ensino Médio (Enem), em 1998. Embora muito semelhantes do ponto de vista metodológico, essas avaliações produzem resultados distintos em relação à avaliação da educação básica: o Saeb é um exame nacional, inicialmente realizado por amostragem e censitário desde 2005, enquanto o Enem é um exame nacional por adesão individual do estudante, nem amostral, nem censitário. Isso quer dizer que apenas o Saeb pode fornecer elementos de avaliação da educação básica no Brasil e por isso será o principal foco de abordagem deste capítulo.

Sendo o mais conhecido entre os brasileiros, o Enem foi criado pelo Mistério da Educação com o objetivo de avaliar o desempenho escolar dos estudantes ao término da educação básica. Quando de sua criação em 1998, a Portaria n. 438 de 28 de maio, assim definiu seus objetivos:

> I – conferir ao cidadão parâmetro para autoavaliação, com vistas à continuidade de sua formação e à sua inserção no mercado de trabalho; II – criar referência nacional para os egressos de qualquer das modalidades do ensino médio; III – fornecer subsídios às diferentes modalidades de acesso à educação superior; IV – constituir-se em modalidade de acesso a cursos profissionalizantes pós-médio.

Com a Portaria n. 109 de 27 de maio de 2009, seus objetivos foram ampliados:

> I - oferecer uma referência para que cada cidadão possa proceder à sua autoavaliação com vistas às suas escolhas futuras, tanto em relação ao mundo do trabalho quanto em relação à continuidade

de estudos; II - estruturar uma avaliação ao final da educação básica que sirva como modalidade alternativa ou complementar aos processos de seleção nos diferentes setores do mundo do trabalho; III - estruturar uma avaliação ao final da educação básica que sirva como modalidade alternativa ou complementar aos exames de acesso aos cursos profissionalizantes, pós-médios e à Educação Superior; IV - possibilitar a participação e criar condições de acesso a programas governamentais; V - promover a certificação de jovens e adultos no nível de conclusão do ensino médio nos termos do artigo 38, §§ 1º e 2º da Lei nº 9.394/96 - Lei das Diretrizes e Bases da Educação Nacional (LDB); VI - promover avaliação do desempenho acadêmico das escolas de ensino médio, de forma que cada unidade escolar receba o resultado global; VII - promover avaliação do desempenho acadêmico dos estudantes ingressantes nas Instituições de Educação Superior.

Trata-se, pois, de um exame de avaliação em larga escala que possibilita aos interessados acessar vagas no ensino superior em universidades públicas e privadas e adquirir o certificado de conclusão do ensino médio, no caso daqueles que não concluíram na idade esperada, cumprindo função na melhoria do fluxo entre a escolarização básica e o ensino superior. Embora possa ser utilizado pelo mercado de trabalho para a seleção de quadros, não se sabe o quanto esse objetivo do exame vem sendo alcançado, uma vez que é um arranjo entre empresa e candidato, o qual permite o acesso aos seus resultados individuais.

O Enem é elaborado, desde sua criação, com a mesma metodologia das demais avaliações externas e em larga escala, que será detalhada adiante neste capítulo, quando da abordagem do Saeb. Sua periodicidade é anual, sendo realizado em dois dias e compreendendo questões objetivas de: linguagens, códigos e suas tecnologias; ciências humanas e suas tecnologias; ciências da natureza e suas tecnologias; e matemática, além de redação. A inscrição no exame contempla um questionário socioeconômico do candidato, contendo solicitação de informações de perfil e trajetória escolar.

Ainda que o Enem não componha a avaliação da educação básica, seus resultados podem ser utilizados para a elaboração de políticas públicas da educação, como é o caso do ingresso ao ensino superior nas instituições públicas realizado via Sistema de Seleção Unificada (Sisu) ou do acesso a bolsas de estudo integrais ou parciais, em instituições privadas de ensino superior via Programa Universidade Para Todos (Prouni).

Os resultados dos questionários socioeconômicos também carregam dados e informações que, em seu conjunto, podem indicar elementos de contexto para a elaboração de políticas voltadas às juventudes.

Com característica distinta do Enem, o Saeb é uma avaliação externa e em larga escala que permite realizar um diagnóstico da educação básica brasileira. Por meio de testes e questionários, aplicados a cada dois anos na rede pública e em uma amostra da rede privada, ele visa identificar níveis de aprendizagem demonstrados pelos estudantes no ensino fundamental e do ensino médio.

Quanto à educação infantil, esta foi integrada ao Saeb em 2018, por meio do Decreto n. 9.432, com delineamento distinto das outras etapas da educação básica. A avaliação também é aplicada a cada dois anos e tem como objetivo apoiar a análise da qualidade da oferta da educação infantil para todas as crianças de 0 a 5 anos de idade, por meio da coleta de informação junto aos secretários municipais de educação e de diretores e professores atuantes em escolas.

Além das avaliações externas e em larga escala conduzidas pelo Ministério da Educação (MEC), há também as realizadas em larga escala em nível estadual e municipal. Desde que o Saeb foi implantado, alguns estados e municípios optaram por também organizar sistemas próprios de avaliação externa. Essa opção, muitas vezes, é justificada como uma estratégia que contribui para a melhoria de resultados nas avaliações realizadas pelo governo federal ou, ainda, deve-se ao desejo dos estados e municípios de possuir informações educacionais com periodicidade e frequência que possam controlar, a fim de usar as informações para a gestão da rede. O público desses exames varia muito entre as estados e municípios, podendo ou não coincidir com as séries ou anos escolares avaliados no Saeb, a depender do que a política local pretende avaliar.

Outra avaliação educacional de que os estudantes brasileiros participam é o Programa Internacional de Avaliação de Estudantes (Pisa), exame que permite comparar desempenho em leitura, matemática e ciências de estudantes de 15 e 16 anos de diferentes países. O Pisa existe desde 2000 e é coordenado pela Organização para a Cooperação e Desenvolvimento Econômico (OCDE). Participam dele estudantes de 38 países membros da OCDE e 42 países convidados (dentre eles, o Brasil).

Voltando ao Saeb, desde o início de sua implantação, a avaliação já era reconhecida por especialistas como de qualidade em relação a seus procedimentos metodológicos. Mas, ao mesmo tempo, foi considerada difícil de se disseminar, pois duas ou três instituições no Brasil dominavam a metodologia utilizada pelo Saeb e reproduzida em instâncias locais de gestão, sendo por isso responsáveis pela implantação das avaliações em estados e municípios. Aos poucos, as secretarias de educação formaram quadros capazes de assumir a execução das avaliações. No entanto, até hoje é difícil para os técnicos das secretarias a apropriação dos procedimentos. Então, inicialmente a resistência se deu pelo desconhecimento sobre o modo de organização e realização das avaliações, depois pelo uso que se fez dos resultados, com a divulgação de *rankings* e, em alguns casos, com a criação de bonificações a partir dos desempenhos dos estudantes. Nesse sentido, o detalhamento de sua metodologia foi e ainda é do domínio de poucos.

Secretarias estaduais e municipais de educação que possuem sistemas próprios de avaliação vêm produzindo ano a ano orientações e formações para disseminar a compreensão sobre a realização das avaliações externas e em larga escala e sobre os eventuais usos de seus resultados pelas escolas. Esse desafio permanece e muitas questões se colocam entre o fazer das escolas e os resultados das avaliações: seja pelo uso de questões comuns para todo o país, no caso do Saeb, desprezando contextos locais, seja pela divulgação que gera pouca identificação entre docentes, uma vez que se trata do desempenho dos estudantes que, em tese, eles conhecem tão bem.

A implementação da avaliação educacional externa e em larga escala no Brasil se apoiou em argumentos comprometidos com melhorias na qualidade e na equidade da educação. A ideia de que avaliar poderia gerar qualidade se sustentou nas possibilidades de indução que as avaliações podem trazer: avalia-se para conhecer a qualidade que se tem e também para induzir à qualidade que se quer ter.

No entanto, questões relacionadas à equidade na educação, como o acesso desigual a recursos e oportunidades educacionais, são evidenciadas nos resultados das avaliações, em especial quando estudantes submetidos a condições educacionais adversas apresentam desempenhos abaixo do previsto nas escalas de avaliação definidas nos exames. Nesses casos, as desigualdades vêm à tona e a produção da equidade dependerá do uso dos resultados: se para viabilizar condições de ensino e aprendizagem semelhantes para todos ou se para aumentar a competitividade entre estudantes, escolas, municípios e estados.

Dilemas assim foram identificados por pesquisadores e estudiosos da avaliação educacional. Alguns críticos argumentam, ainda, que essas avaliações focadas em testes padronizados deixam de abordar aspectos importantes da educação; outros argumentam sobre seu potencial indutor para reduzir o currículo escolar em torno daquilo que se avalia. No caso do Brasil, as avaliações se concentraram nos conhecimentos de matemática e língua portuguesa e isso induziria as escolas a colocar mais ênfase nesses componentes curriculares.

Em relação às avaliações em larga escala, é possível identificar na literatura divergentes posicionamentos que vão desde o apoio incondicional ao modo como vêm sendo conduzidas até a recusa de sua implementação. Os pesquisadores Renato Melo Ribeiro e Sandra Zákia Sousa identificam nesses posicionamentos o que denominam um *continuum* argumentativo:

- defesa das avaliações em larga escala e do uso de seus resultados para estimular a competição entre escolas e redes de ensino, como um caminho que mobiliza profissionais e estudantes a buscarem melhores desempenhos escolares;
- apoio crítico que reconhece potencialidades das avaliações em larga escala como um meio de promoção da melhoria da qualidade da educação, subsidiando a formulação de políticas educacionais, desde que seus resultados sejam utilizados para promover ações comprometidas com qualidade e equidade para todos os estudantes, rechaçando iniciativas que se orientam pela competição e classificação;
- recusa ou desvalorização das avaliações em larga escala e defesa da autoavaliação institucional, sob a crença de que mudança é gerada essencialmente a partir do interior da escola.

O QUE É A AVALIAÇÃO EXTERNA E EM LARGA ESCALA

Agora vamos às definições. A avaliação educacional é externa quando realizada por sujeitos que estão fora da escola ou fora da situação cotidiana de ensino e de aprendizagem. Esses agentes podem ser das equipes do Ministério da Educação, das secretarias municipais ou estaduais de educação ou mesmo de consultores, instituições e empresas contratados para esse fim. É em larga escala quando produzida de modo padronizado, para alcançar uma grande quantidade de estudantes ao mesmo tempo, de forma amostral ou censitária, sendo amostral a situação em que são selecionados grupos representativos do conjunto da população que se quer avaliar, e censitária, a situação em que toda a população é avaliada.

Essas avaliações podem fornecer uma visão ampla do funcionamento e do desempenho geral da educação básica no país, em cada estado, município, localidade e escola. Elas podem também desempenhar um papel importante na identificação de áreas ou temas que demandem melhorias e desenvolvimento de estratégias para promover a equidade e a qualidade na educação, uma vez que não são coletados apenas os dados de desempenho dos estudantes, mas também informações de contexto que permitem analisar as situações em que os resultados se produzem.

Embora direcionadas a identificar o desempenho de estudantes em relação a determinados conteúdos escolares, as características da avaliação externa e em larga escala são bastante distintas das apresentadas na avaliação de aprendizagem, ainda que professoras possam utilizar testes para avaliar o que estudantes aprenderam. Nesse caso, embora se utilizem do mesmo tipo de instrumento de avaliação, sua realização se dá internamente à escola.

Procedimentos

As avaliações externas e em larga escala no Brasil se organizam por meio da produção de testes padronizados que possibilitam comparar o desempenho dos estudantes em uma escala uniforme, o que permite a comparação dos resultados entre escolas, localidades, municípios, estados e regiões. Trata-se da metodologia denominada Teoria de Resposta ao Item (TRI).

Ao contrário das provas de múltipla escolha elaboradas pelas professoras, relativas aos conteúdos trabalhados em sala de aula, as avaliações externas e em larga escala utilizam parâmetros que balizam os itens. Esses parâmetros são estimados a partir de dados empíricos de resposta dos estudantes examinados em pré-testagens das questões e incluem a dificuldade do item, indicando a habilidade necessária para responder corretamente; a discriminação do item, indicando a capacidade do item de distinguir entre estudantes com diferentes habilidades; e o parâmetro de acerto ao acaso, indicando a probabilidade de acerto em situações em que o estudante não tem conhecimento sobre o item.

Por meio do uso de modelos estatísticos é possível estimar a habilidade do estudante e representá-la em uma escala contínua, o que permite uma medida sensível às diferenças individuais na habilidade que está sendo avaliada. Assim sendo, a Teoria de Resposta ao Item (TRI) é utilizada na construção e na análise de testes padronizados devido à sua capacidade de fornecer estimativas precisas e confiáveis das habilidades dos estudantes examinados, mesmo quando aplicados em populações heterogêneas.

Sobre a elaboração das avaliações, o primeiro ponto é ter em mente a Matriz de Referência, que é um conjunto de temas curriculares especificados quanto às aprendizagens esperadas dos estudantes nos diferentes anos de escolarização. Ou seja, esses temas são detalhados em itens que especificam os conhecimentos e as habilidades desejáveis. Assim, é a Matriz que orienta a elaboração dos itens que vão integrar um teste. É preciso, também, uma definição clara dos objetivos da avaliação. Como se trata de avaliação de desempenho, expressa pelas proficiências apresentadas pelos estudantes, dever ser definidos os conteúdos e as habilidades a serem avaliadas a partir dos currículos educacionais, da definição de padrões de desempenho e de diretrizes curriculares. A partir disso, os itens são elaborados, buscando uma cobertura equilibrada e representativa dos conteúdos e habilidades a serem avaliados.

Após as elaborações, os itens são revistos e validados por especialistas que devem identificar se estão alinhados com os objetivos da avaliação, se são claros e compreensíveis para os estudantes e se não contêm vieses ou ambiguidades. Só então os itens serão pré-testados e calibrados conforme o grau de dificuldade e de discriminação que apresentarem. Com base nos resultados da pré-testagem, os itens são submetidos a análises estatísticas e podem ser revisados, recalibrados ou descartados.

A elaboração de itens, no Brasil, é um processo contínuo e os testes são frequentemente revisados e atualizados com base no *feedback* dos estudantes, educadores e especialistas em avaliação. Isso garante que os testes permaneçam válidos, confiáveis e relevantes ao longo do tempo.

FINALIDADES DAS AVALIAÇÕES EXTERNAS E EM LARGA ESCALA

Dentre as finalidades das avaliações externas e em larga escala destaca-se seu potencial de revelar áreas críticas e/ou prioridades nas políticas educacionais. Os resultados dessas avaliações podem identificar lacunas de desempenho em certos grupos de estudantes, escolas ou regiões geográficas. Por exemplo, se os resultados dos testes mostrarem consistentemente que os alunos de determinada área têm dificuldades em matemática, isso pode levar à proposição de políticas ou programas específicos para melhorar o ensino desse componente nessa região, rede de ensino ou escola.

Além disso, as avaliações em larga escala muitas vezes são usadas para monitorar o progresso em relação a metas e a objetivos educacionais estabelecidos pelas políticas. Por exemplo, um governo pode definir metas ambiciosas de melhoria do desempenho acadêmico ou redução das disparidades educacionais entre diferentes grupos de estudantes. Para tal, as avaliações externas e em larga escala podem fornecer uma maneira de medir o progresso em direção a essas metas ao longo do tempo e, quando seus resultados são utilizados para a tomada de decisão, podem subsidiar o ajuste das políticas conforme se identificam avanços ou obstáculos. Um exemplo disso, no Brasil, é o Índice de Desenvolvimento da Educação Básica (Ideb), criado em 2007. O Ideb é composto das taxas de aprovação, reprovação e abandono escolar e pelas médias de desempenho nas avaliações do Saeb. O índice tem variação entre 0 e 10 e, desde que foi criado, estabelece metas a serem alcançadas por estados, distrito federal, municípios e escolas. Em tese, resultados aquém da meta proposta devem gerar iniciativas, políticas, programas ou projetos de apoio à melhoria dos resultados.

As avaliações externas também desempenham um papel na prestação de contas do sistema educacional para diversos segmentos sociais, internos e externos ao sistema. Os resultados dos testes podem ser utilizados para avaliar o desempenho das escolas, municípios, estados e, em alguns casos, para determinar alocações de recursos ou definir intervenções de apoio à melhoria da qualidade educacional em determinadas localidades. Essa prestação de contas tem potencial para possibilitar o engajamento dos profissionais da educação com a garantia do direito das crianças, adolescentes, jovens e adultos às aprendizagens e dos estudantes com suas trajetórias escolares, assim como pode criar pressões pela obtenção de resultados que não se conectam com aprendizagens e experiências formativas ou mesmo criar indisposições em relação a essa vertente avaliativa.

É importante reconhecer que as políticas educacionais não são elaboradas apenas pelos resultados das avaliações externas e em larga escala. Fatores como valores sociais, pressões políticas e recursos disponíveis também têm importância significativa na determinação das prioridades e direções da política educacional. Além disso, as políticas educacionais muitas vezes refletem as crenças e os objetivos de seus formuladores e podem ser objeto de debate e controvérsia pública.

A relação entre avaliações em larga escala e políticas educacionais é dinâmica e complexa e pode variar significativamente entre os países e sistemas educacionais. É importante examinar como esses elementos se entrelaçam e se influenciam mutuamente. A política educacional define as diretrizes, os objetivos e as estratégias para o sistema educacional do país, do estado ou do município, ao passo que as avaliações em larga escala fornecem dados que podem informar e dar contornos para as políticas educacionais. Um dos principais pontos de intersecção entre avaliações externas e em larga escala e as políticas educacionais é o uso dos resultados dessas avaliações para tomar decisões políticas.

No entanto, é importante reconhecer que esse uso nem sempre é direto. Os resultados dos testes padronizados podem refletir não apenas o desempenho dos alunos, mas também fatores externos, como níveis socioeconômicos, acesso a recursos educacionais e até mesmo a qualidade do ambiente familiar em determinado momento. Portanto, políticas baseadas exclusivamente em resultados de testes podem não levar em conta desigualdade subjacentes e, portanto, podem não ser eficazes na abordagem das necessidades educacionais.

Além disso, a avaliação externa e em larga escala apresenta limitações, como qualquer outra, mesmo cercada de procedimentos e processos técnicos confiáveis. Importantes pesquisadores da educação alertaram, desde sempre, para uma possível distorção ou redução do currículo para se adequar aos testes padronizados, resultando num empobrecimento da experiência escolar; para a eventual ênfase na resolução de problemas de formatos específicos, algumas vezes deixando para trás outras habilidades, como o pensamento crítico e a criatividade; para a criação de um ambiente de estresse e pressão para estudantes e docentes e para a gestão das escolas; e também para a ampliação das desigualdades existentes, uma vez que estudantes de diferentes origens socioeconômicas podem ter acesso a diferentes recursos de preparação para os testes, contribuindo para disparidades de desempenho.

O foco exclusivo nos resultados de avaliações externas e em larga escala pode levar a uma "cultura do teste", em que o currículo é direcionado para atender aos objetivos das avaliações. Isso pode limitar a atuação docente, reduzir a diversidade de experiências que os estudantes podem ter com o conhecimento e com o aprendizado e diminuir o engajamento dos alunos com seus percursos escolares. Portanto, é necessário que as políticas educacionais levem em consideração uma variedade de dados, informações e contextos de desempenho, além dos resultados das avaliações externas e em larga escala, para a tomada de decisão.

Quando os resultados dos testes são considerados como medidas de sucesso educacional ou quando são utilizados para ranquear as escolas ou mesmo para definir premiações a estudantes, profissionais e/ou escolas, os educadores e gestores escolares tendem a sentir uma pressão significativa para "ensinar para o teste". Para tal, eles concentram o trabalho didático e pedagógico em habilidades e conteúdos específicos que são mais facilmente mensuráveis por meio desses testes e, portanto, mais prováveis de serem testados.

Um artigo publicado por de Bonamino e Sousa em 2012 intitulado "Três gerações de avaliação da educação básica no Brasil" condensa resultados de estudos e sistematiza o percurso realizado com o uso das avaliações externas e em larga escala. Segundo as autoras, a primeira geração se volta para o monitoramento das políticas públicas, visando à sua reorientação. É nesse primeiro momento que as avaliações externas se disseminam para estados e municípios, que criam seus próprios sistemas. A segunda geração dá início à publicização dos resultados. Tem-se a ideia de que essa divulgação poderia criar mobilização nas comunidades escolares e, com isso, engajar gestores escolares e docentes na busca da melhoria dos resultados. A terceira geração, segundo as autoras, é a que resulta em sanções ou premiações de escolas e/ou docentes pelos resultados alcançados pelos estudantes. Esses marcos, chamados pelas autoras de "gerações", convivem simultaneamente a depender das definições políticas de cada governo.

Uma das implicações desse percurso é a incidência da avaliação externa e em larga escala nos currículos escolares, no sentido de sua redução, uma vez que os esforços ficariam concentrados nos componentes curriculares que são objeto das avaliações. Registra-se que recentemente os componentes de ciências humanas e ciências da natureza vêm sendo incorporados aos testes do Saeb, restando fora dos procedimentos avaliativos arte, por exemplo. Ainda, o risco da redução do contato e das experiências com o conhecimento poderia acontecer também no interior dos componentes avaliados, ameaçando a garantia do direito às aprendizagens.

Para ilustrar a identificação de redução do currículo a partir das referências utilizadas na avaliação, tem-se o estudo realizado em 2018 por Adriana Bauer (Fundação Carlos Chagas) e João Horta (Inep), que consultaram 4.309 municípios em todas as regiões do país sobre avaliações e usos de seus resultados. Dentre as evidências coletadas, o item "Avaliar programas e ações desenvolvidos pela Secretaria" apresentou 79% de indicações entre os respondentes e o item "Reestruturar o currículo das escolas" recebeu 73%, sendo as mais indicadas. Vários estudos confirmam a incidência das matrizes avaliativas sobre o currículo, seja o currículo preconizado pelas redes de ensino, seja o currículo praticado em sala de aula. Além disso, a depender do uso dos resultados das avaliações externas e em larga escala, pode-se ter a amplificação das desigualdades existentes. Estudantes de origens socioeconômicas mais privilegiadas ou aqueles que tiveram acesso a recursos educacionais adicionais, como aulas particulares de preparação para testes ou aulas de reforço escolar nos componentes avaliados, podem apresentar resultados mais elevados e, se esses resultados mais elevados forem considerados para a premiação das escolas, mais e mais se produz distâncias nas condições de oferta da escolarização e em seus resultados.

Portanto, é crucial que as políticas educacionais e as práticas de avaliação sejam sensíveis às necessidades e aos contextos diversos dos estudantes, com seus tempos e modos de aprender; de suas famílias, com seus recursos e acessos socioeconômicos; e das escolas, com seus profissionais, seus espaços e equipamentos, garantindo que todos tenham oportunidades justas de sucesso educacional.

A pesquisadora da educação Bernardeti Gatti diz que para serem úteis e terem sentido, as avaliações precisam apresentar transparência em cada etapa e cada procedimento de sua realização, e seus resultados precisam de consequências objetivas. Ou seja, é preciso saber como elas são elaboradas, como ocorrem e o que é feito com os resultados obtidos.

A principal finalidade das avaliações externas e em larga escala deve ser apoiar a elaboração, a manutenção e/ou a revisão de políticas públicas educacionais em andamento ou por serem implementadas. A questão a ser problematizada é a noção de qualidade da educação que é tomada como referência para formulação e implementação de políticas.

SISTEMA DE AVALIAÇÃO DA EDUCAÇÃO BÁSICA

A criação do Sistema de Avaliação da Educação Básica (Saeb) acompanha uma agenda internacional de avaliações externas e em larga escala centralizadas pelos governos nacionais. O Saeb se realiza a cada dois anos, é composto de testes de múltipla escolha e questionários de contexto, de modo censitário nas escolas públicas e amostral nas escolas privadas. Ele é aplicado pelo Instituto Nacional de Estudos e Pesquisas Educacionais Anísio Teixeira, o Inep.

Os testes, produzidos com o uso da metodologia da Teoria de Resposta ao Item, contemplam língua portuguesa e matemática para estudantes de 2º, 5º e 9º ano do ensino fundamental e da 3ª ou 4ª série do ensino médio. Estudantes do 9º ano do ensino fundamental, desde 2019, e do 5º ano do ensino fundamental, em 2023, também realizaram testes nas áreas de ciências humanas e ciências da natureza.

O Saeb é elaborado a partir de matrizes de referência para cada etapa da escolarização avaliada que, por sua vez, estão organizadas por competências e habilidades. Segundo o Inep, as matrizes são "uma referência tanto para aqueles que irão participar do teste, garantindo transparência ao processo e permitindo-lhes uma preparação adequada, quanto para a análise dos resultados dos testes aplicados". Além das matrizes, o Inep também disponibiliza as escalas de proficiência, que são marcos para a leitura dos resultados.

A cada edição do Saeb, os testes são acompanhados de questionários também elaborados a partir de uma matriz de referência, denominada Matriz Mestre do Sistema de Avaliação da Educação Básica. Segundo consta na página web do Saeb, os questionários são respondidos por: i) secretários (ou dirigentes) municipais, que respondem sobre o funcionamento das redes de ensino; ii) diretores de instituições educacionais, que discorrem sobre seu perfil e sua experiência como gestores escolares e sobre atividades desenvolvidas, recursos disponíveis e infraestrutura; iii) professores, respondendo sobre formação, experiência profissional, condições de trabalho, dificuldades de aprendizagem dos alunos, violência no ambiente escolar, recursos didáticos e práticas pedagógicas desenvolvidas na escola; iv) estudantes, fornecendo informações sobre condição socioeconômica, participação da família, interação com professores e colegas em sala de aula e atividades pedagógicas desenvolvidas.

A matriz está organizada em eixos que, segundo o Inep, "refletem aspectos do sistema educacional associados à qualidade da educação". Essa matriz tem a pretensão de coletar dados que permitam contextualizar os resultados apresentados pelos estudantes – por meio das informações prestadas pelos responsáveis nas diferentes instâncias de gestão da rede educacional (secretário, diretor, professor) –, pelas situações vivenciadas no âmbito familiar e também por percepções dos estudantes sobre seu perfil e suas trajetórias escolares.

Esses dados e informações produzidos no âmbito do Saeb têm sido pesquisados e se desdobraram em farta literatura, que visa identificar fatores associados aos resultados de estudantes em avaliações externas, nacionais e internacionais, chamados de estudos do "efeito escola". Por meio de modelagens estatísticas, esses estudos procuram isolar fatores externos e considerados determinantes do desempenho escolar, como o nível socioeconômico das famílias. Esses estudos se utilizam de várias fontes:

- Dados acadêmicos dos alunos: resultados de testes padronizados, notas em exames, registros de presença, registros de desempenho em sala de aula e outras avaliações acadêmicas.
- Pesquisas e questionários: para estudantes, pais, professores e gestores escolares, com o intuito de avaliar diferentes aspectos do ambiente escolar, como clima escolar, satisfação dos alunos, engajamento dos pais e percepções sobre a qualidade do ensino.
- Entrevistas e grupos focais: com membros da comunidade escolar para obter informações mais aprofundadas sobre suas experiências, percepções e desafios enfrentados.
- Dados demográficos e socioeconômicos: informações sobre características demográficas dos estudantes (como idade, sexo, etnia) e condições socioeconômicas (como renda familiar,

nível de educação dos pais) são frequentemente coletadas para analisar como esses fatores podem influenciar o desempenho dos estudantes e interpretar os resultados escolares.
- Observações diretas: no ambiente escolar para avaliar aspectos como o comportamento dos alunos, interações entre alunos e professores, uso de recursos educacionais e clima emocional da sala de aula.

Em 2001, um estudo realizado pelo Instituto de Pesquisa Econômica Aplicada (Ipea) foi precursor entre aqueles que se aprimoraram com o uso das informações disponibilizadas pelo Saeb e que combinam resultados de desempenho com contextos públicos e privados. O referido estudo identificou quatro fatores externos determinantes do fracasso escolar: i) a qualidade e disponibilidade dos serviços educacionais – neste item foram consideradas a qualidade dos professores (escolaridade média), a qualidade da infraestrutura das escolas, a razão entre o número de escolas e a população em idade escolar e a duração média do percurso casa-escola; ii) o custo de oportunidade do tempo – considerado o tempo utilizado pelos indivíduos na escolarização que deixa de ser aproveitado em oportunidades eventuais no mercado de trabalho; iii) o ambiente familiar – consideradas a renda familiar *per capita* e a escolaridade dos pais; iv) o ambiente comunitário – consideradas a escolaridade média da população adulta residente na comunidade e a renda *per capita* da comunidade.

O estudo revelou que a escolaridade dos pais, em especial da mãe, e a renda são fatores determinantes dos resultados escolares, produzindo, no Brasil, o que se chama de "transmissão intergeracional da pobreza".

Fatores como os investigados nesse referido estudo não incidem diretamente nas escolas. Isso porque não se pode esperar que a localização da escola, a qualidade de seus professores, os custos de permanência na escola, a escolaridade e a renda das famílias e das comunidades possam ser alteradas a partir da atuação das escolas. No entanto, os estudos denominados "efeito escola", isolando os fatores externos e não menos importantes, procuram identificar os fatores intraescolares que contribuem para a melhoria das aprendizagens de seus estudantes, inclusive porque se ancoram nos dados do Saeb.

Ao combinar e analisar essas diversas fontes de dados é possível obter uma compreensão mais abrangente do "efeito escola" e identificar áreas para a proposição de melhorias no sistema educacional.

O conjunto de estudos sobre o "efeito escola" tem se concentrado, no Brasil, em cinco frentes: recursos escolares; organização e gestão da escola; clima acadêmico; formação e salário docente; ênfase pedagógica. Uma das pesquisas brasileiras nesse campo, realizada por Creso Franco e outros em 2007, intitulada "Qualidade e equidade em educação: reconsiderando o significado de 'fatores intraescolares'", concluiu que a escola faz diferença, em especial por meio do "clima escolar", aspecto que será mais explorado no próximo capítulo e que trata da avaliação institucional.

A educação infantil, primeira etapa da educação básica, passou a integrar o Saeb em 2018, com a publicação do Decreto n. 9.432/2018, que regulamenta a Política Nacional de Avaliação e Exames da Educação Básica. Revestindo-se de um delineamento específico para essa etapa da educação, teve sua primeira aplicação em 2021.

Por meio de questionários, foram solicitadas manifestações de todos os titulares das secretarias municipais de educação, de diretores de escola e de professores. Quanto a professores e a diretores, a consulta foi amostral. A elaboração dos instrumentos atendeu aos sete eixos estabelecidos na Matriz Mestre do Sistema de Avaliação da Educação Básica.

UM LUGAR PARA A AVALIAÇÃO EXTERNA E EM LARGA ESCALA NAS ESCOLAS

Algumas equipes escolares recebem as avaliações externas e em larga escala como uma oportunidade para avaliar o próprio desempenho e identificar necessidades de melhoria, mas nem sempre é assim. Para muitas das equipes escolares, em todo o país, os desafios para interpretação e uso dos resultados dessas avaliações são reais. Sem compreender como as avaliações em larga escala se produzem, bem como suas potencialidades e limites, as equipes escolares podem identificar que os resultados apresentam uma visão simplificada e muitas vezes incompleta do desempenho dos estudantes e da qualidade da educação e, portanto, sem sentido ou utilidade para informar suas práticas pedagógicas e didáticas.

Escolas cujos estudantes não atingem os resultados desejados nas avaliações em larga escala podem enfrentar estigmatização, críticas e/ou penalizações, mesmo que enfrentem desafios significativos em termos de recursos, infraestrutura ou contexto socioeconômico. Isso pode criar um ambiente desmotivador em relação à participação dos estudantes nessas avaliações, no seu engajamento no processo de escolarização ou ao uso dos resultados pelas esquipes.

Trata-se, então, de um enorme desafio que os profissionais das escolas conheçam, compreendam e possam fazer uso dos resultados das avaliações externas e em larga escala. Para o enfrentamento desse desafio e para que o uso dos resultados dessas avaliações ocorra é importante que as instâncias gestoras da educação ofereçam suporte e formação adequados às equipes escolares, além de utilizarem seus resultados para a promoção da qualidade da educação para todos os estudantes.

No entanto, um bom uso dos resultados das avaliações educacionais externas e em larga escala pela política educacional em suas diferentes instâncias (estados, distrito federal, municípios e nacional) pode ajudar a promover melhorias significativas na qualidade da educação e estimular sua utilização pelas equipes escolares.

Esse bom uso dos resultados implica monitorar o progresso dos resultados ao longo do tempo e avaliar a eficácia de políticas e programas implementados; acompanhar as tendências de desempenho dos estudantes, o impacto de intervenções específicas; ajustar as políticas conforme necessário. Também se faz necessário promover a prestação de contas do sistema educacional e garantir que haja transparência na divulgação dos resultados e na sua aplicação, revelando por que e como programas são implementados ou descontinuados.

Como já mencionado, os resultados das avaliações podem ser usados para identificar necessidades e prioridades no sistema educacional. Nas escolas isso poderia possibilitar a identificação de lacunas de desempenho em determinados componentes, anos/séries escolares ou grupos de estudantes, bem como priorizar áreas para intervenções e para investimentos adicionais. Isso envolve analisar os dados para identificar componentes e conhecimentos específicos em que os estudantes apresentam dificuldades e precisam de suporte adicional. Com base nessas lacunas, as escolas podem adaptar seus currículos e planos de ensino para garantir que abordem de forma adequada as áreas identificadas. Isso pode incluir a revisão de materiais didáticos, o desenvolvimento de recursos adicionais e a implementação de estratégias de ensino diferenciadas.

Ainda, as diferentes instâncias gestoras, incluindo as escolas podem articular, com base nos resultados das avaliações externas, o desenvolvimento de programas de formação de professores, revisão de currículos e alocação de recursos adicionais para escolas com desempenhos abaixo do esperado, por exemplo.

Os resultados das avaliações externas podem, também, informar a implementação de intervenções direcionadas para determinados estudantes, pela oferta de programas de reforço, tutoria individualizada, grupos de estudo e outras formas de suporte acadêmico personalizado.

O uso e a divulgação do uso dos resultados, considerando ainda as amplas possibilidades de complementação de informações aos resultados que o Saeb oferece, poderá ser um elemento efetivo de mobilização das equipes escolares para a apropriação da metodologia e dos resultados das avaliações externas e em larga escala.

Para saber mais

A página do Saeb, no site do Inep, fornece um conjunto completo de informações sobre a avaliação da educação básica no Brasil: https://www.gov.br/inep/pt-br/areas-de-atuacao/avaliacao-e-exames-educacionais/saeb.

Para conhecer como se produz o Ideb e quais são as metas estabelecidas e os resultados alcançados pelas diferentes esferas da educação no Brasil, veja: https://www.gov.br/inep/pt-br/areas-de-atuacao/pesquisas-estatisticas-e-indicadores/ideb.

Indicações de leitura

AFONSO. A. J. Nem tudo o que conta em educação é mensurável e comparável. Crítica à accountability baseada em testes estandardizados e rankings escolares. *Revista Lusófona de Educação*. Lisboa, v. 13, n. 2, 2009.

ALVES, Fátima; ORTIGAO, Isabel; FRANCO, Creso. Origem social e risco de repetência: interação raça-capital econômico. *Cadernos de Pesquisa,* São Paulo, v. 37, n. 130, p. 161-180, abr. 2007.

ALVES, Maria Teresa Gonzaga; FRANCO, Creso. A pesquisa em eficácia escolar no Brasil: evidências sobre o efeito das escolas e fatores associados à eficácia escolar. In: BROOKE, Nigel; SOARES, José Francisco (Eds.). *Pesquisa em eficácia escolar: origem e trajetórias*. Belo Horizonte: Editora UFMG, 2008. p. 482-500.

ALVES, Maria Teresa Gonzaga; SOARES, José Francisco. Contexto escolar e indicadores educacionais: condições desiguais para a efetivação de uma política de avaliação educacional. *Educ. Pesqui.*, São Paulo, v. 39, n. 1, p. 177-194, jan./mar. 2013.

BAUER, Adriana. Novas relações entre currículo e avaliação? Recolocando e redirecionando o debate. *Educação em Revista*, v. 36, n. 1, 2020.

BONAMINO, Alícia; SOUSA, Sandra M. Zákia L. Três gerações de avaliação da educação básica no Brasil: interfaces com o currículo da/na escola. *Educação e Pesquisa*, São Paulo, v. 38, n. 2, p. 373-388, abr./jun. 2012.

ESTEBAN, Maria Teresa; FETZNER, Andréa Rosana. A redução da escola: a avaliação externa e o aprisionamento curricular. *Educar em Revista*, Curitiba, edição especial n. 1, p. 75-92, 2015.

FERNANDES, Reynaldo. *Índice de Desenvolvimento da Educação Básica (Ideb)*. Brasília, DF: Instituto Nacional de Estudos e Pesquisas Educacionais Anísio Teixeira, 2007.

FRANCO, Creso et al. Qualidade e equidade em educação: reconsiderando o significado de "fatores intra-escolares". *Ensaio*: Avaliação e Políticas Públicas em Educação, Rio de janeiro, v. 15, n. 55, p. 277-298, jun. 2007.

RIBEIRO, Renato Melo; SOUZA, Sandra Zákia. A controvérsia sobre avaliações em larga escala no Brasil: continuum argumentativo. *Educação e Pesquisa*, v. 49, n. contínuo, p. e250287, 2023. Disponível em: <https://www.revistas.usp.br/ep/article/view/210518>. Acesso em: 17 set. 2024.

SOUSA, Sandra Zákia. Concepções de Qualidade da Educação Básica forjadas por meio de avaliações em larga escala. *Avaliação*, Campinas, Sorocaba, v. 19, n. 2, p. 407-420, jul. 2014.

SOUSA, Sandra Zákia. Possíveis Impactos das Políticas de Avaliação no Currículo Escolar. *Cadernos de Pesquisa*, n. 119, p. 175-190, jul. 2003.

SOUSA, Sandra Zákia. Avaliação: da pedagogia da repetência à pedagogia da concorrência? In: DAUBEN, Germano at. All (Orgs.). *Convergências e tensões no campo da formação e do trabalho docente*. Belo Horizonte: Autêntica, 2010. p. 104-127.

Avaliação institucional no contexto escolar

Este capítulo aborda noções, finalidades e principais características da avaliação institucional, com foco nas escolas.

Quem nunca ouviu as crianças dizendo "a professora me deu 10!"? Algumas vezes é possível ouvir coisas parecidas de adultos que estão na graduação: "a professora me deu uma nota menor que a de outro colega, embora nosso trabalho esteja praticamente igual". E quem nunca ouviu de professoras e professores o lamento sobre determinado aluno muito dedicado que "tirou" nota baixa na prova ou "ficou" com média baixa no bimestre? Essas frases sugerem muitas ideias sobre como se produz a avaliação na escola e, principalmente, destacam que a avaliação é um procedimento desconhecido e que produz resultados algumas vezes surpreendentes e alheios aos sujeitos envolvidos nos processos avaliativos.

Uma das ideias mais caras à definição de avaliação diz respeito ao seu papel julgador. No entanto, essas frases ou o que elas sugerem indicam um sentido oposto, de neutralidade e quase naturalidade. Parece que todos os envolvidos estão em posições neutras: os estudantes "ganham" notas de seus professores, ficando incapazes de atuar, impossibilitados até de compreender os resultados. Os professores que acreditam que os estudantes "tiram" ou apresentam determinados resultados também estão em posição de neutralidade, impossibilitados de chegar a uma conclusão diferente sobre os estudantes, mesmo quando estranham os resultados.

A lógica da neutralidade é parceira da lógica do mérito e, portanto, não é uma lógica educativa. A avaliação educacional pode ser um instrumento de reunião de dados e informações para subsidiar a tomada de decisões, para prestar contas do trabalho realizado, para classificar e selecionar, para fazer escolhas curriculares, para engajar docentes e estudantes em seus processos de ensino e de aprendizagem ou simplesmente para conhecer a situação que se tem, mas ela nunca é neutra. E, se não é neutra, é carregada de escolhas que resultam na valorização de determinados conhecimentos, formas de comunicar, lógicas de ensinar e aprender, favorecendo alguns ou todos. Nos casos em que favorece alguns, é possível que os resultados sejam tratados como mérito, quando não o são.

Como destacado no capítulo sobre avaliação de aprendizagem, os resultados apresentados pelos estudantes são atravessados por vários fatores. Conhecer os contextos em que as aprendizagens acontecem pode ser um caminho eficaz para que a avaliação na escola, em suas diferentes vertentes, contribua para o melhor clima escolar, para o melhor trabalho pedagógico e didático, para a melhor gestão e para as melhores aprendizagens.

Esta é exatamente a contribuição da avaliação institucional: possibilidade de cruzar dados e informações para conhecer e compreender os contextos escolares e os fatores que impactam as aprendizagens. Essa vertente da avaliação educacional permite o imbricamento, a associação ou a intersecção das informações, das percepções, dos dados.

Na educação básica, a implantação de avaliação institucional na escola decorre da necessidade de dar consequências ao entendimento de que os resultados do trabalho pedagógico e didático de estudantes, professores e demais profissionais das escolas dependem da movimentação de vários elementos e fatores inseridos em determinados contextos.

O QUE É A AVALIAÇÃO INSTITUCIONAL E COMO ISSO COMEÇOU

Na educação básica, a avaliação institucional é uma nova vertente. Sua proposição tem origem no ensino superior e seu uso na educação básica ainda é incipiente e restrito.

No cenário mais amplo de mudanças na política e na economia, a avaliação ganhou muita centralidade durante toda a década de 1990. A necessidade de avaliar a qualidade na/da educação veio se instalando a partir da organização e disponibilização de dados estatísticos, que ocorreu, no Brasil, com consistência e maior confiabilidade nesse período. Nesse momento, também, uma série de debates e proposições para além da avaliação de aprendizagem realizada nas escolas se intensificou; entre elas a avaliação institucional.

No Brasil, sua primeira efetivação no ensino superior ocorreu no âmbito do Programa de Avaliação Institucional das Universidades Brasileiras (PAIUB). Na esteira dos debates e das definições que se desenhavam nas universidades europeias e americanas, o programa brasileiro, resultado das discussões realizadas na Associação Nacional de Dirigentes das Instituições Federais de Ensino Superior (Andifes), incorporou princípios considerados inovadores: globalidade, comparabilidade, respeito à identidade institucional, não punição e não premiação, legitimidade, adesão voluntária e continuidade. O programa inspirou muito do que se transpôs para a educação básica.

Até meados de 1990, a avaliação educacional na educação básica esteve focada na vertente das aprendizagens (avaliação interna ou externa). Até os anos 1990 o foco dos debates da avaliação educacional esteve centrado na avaliação de aprendizagem realizada no interior das escolas, cujos objetos são as produções dos estudantes e os resultados são as interpretações quantitativas e qualitativas de docentes sobre essas produções. Isso permaneceu assim até a realização da primeira experiência em avaliação institucional, entre os anos 1996 e 1999, no Ceará. Outras experiências ocorreram em determinadas redes estaduais de ensino no início dos anos 2000, mas foi nas escolas de educação infantil de redes municipais que essa vertente avaliativa mais se exercitou, inclusive porque houve apoio efetivo do governo nacional para a disseminação dessa prática. As avaliações externas e em larga escala, assim como a vertente institucional, trouxeram para o centro do debate a necessidade de definir e expressar uma determinada qualidade educacional.

O percurso da avaliação institucional nas redes públicas de ensino indica uma tendência de associação entre avaliação institucional e autoavaliação. Considerando que essa vertente avaliativa é recente e que o custo para a realização de uma avaliação institucional conduzida por equipes externas pode não ser sustentado pelas redes públicas, em especial as grandes redes, é esperado que as escolas tomem para si a realização desse item da avaliação institucional, que é a autoavaliação. É preciso destacar, no entanto, que a avaliação institucional pode também contar com agentes externos, sem qualquer vinculação com as escolas. Mais adiante as possibilidades de organização e uso da avaliação institucional serão abordadas.

EDUCAÇÃO DE QUALIDADE

Até mesmo o uso da palavra "qualidade" na/da educação é relativamente recente. No Manifesto dos Pioneiros de 1932, a "qualidade" aparece como uma referência associada às suas finalidades, pela definição do que seria a "qualidade socialmente útil" da educação. Na Lei de Diretrizes e Bases da Educação Nacional de 1961, a primeira LDB, encontra-se uma única menção à "qualidade", referindo-se a "melhorar a qualidade e elevar os índices de produtividade do ensino em relação ao seu custo" (art. 96). Na segunda LDB da história, elaborada e publicada durante o regime civil-militar, a Lei n. 5.692, de 11 de agosto de 1971, não há qualquer uso da palavra "qualidade". É na LDB atual, promulgada originalmente em 1996 (Lei n. 9.394), que a palavra "qualidade" será utilizada por dez vezes em referência ao que seria a melhoria das performances na educação.

No entanto, não se pode dizer que não houve, até o final dos anos 1990, importantes contribuições de pesquisadores e especialistas ao debate da qualidade. Romualdo Portela e Oliveira e Gilda Cardoso de Araújo, em artigo publicado em 2005, identificaram três formas de perceber (e debater) a qualidade na educação: "na primeira, a qualidade determinada pela oferta insuficiente; na segunda, a qualidade percebida pelas disfunções no fluxo ao longo do ensino fundamental; e na terceira, por meio da generalização de sistemas de avaliação baseados em testes padronizados". É certo que essas percepções permanecem e se imbricam ou se mesclam até o momento atual, mas é certo também que ajudam a compreender o lugar que a avaliação educacional foi ocupando ao longo do tempo.

A avaliação educacional está necessariamente em relação a uma situação desejada, planejada, definida. Assim, é importante compreender como a qualidade na/da educação foi se definindo. Um estudo coordenado por Luiz Fernando Dourado, em 2007, e publicado pelo MEC, compilou debates resultantes de pesquisas acadêmicas e concepções declaradas por governos de América Latina e Caribe. Nessa síntese, os fatores que comporiam a educação de qualidade foram organizados em duas dimensões: intra e extraescolar, de modo que se admite que os resultados escolares dependem de fatores que operam dentro das escolas e fora delas, desde as desigualdades socioeconômicas e as diversidades culturais das pessoas (profissionais das escolas, estudantes e suas famílias) até o engajamento de cada estudante com seus percursos escolares, passando pelo financiamento, pela gestão do sistema e das escolas, pelo combate às violências e discriminações, pela valorização e carreira dos profissionais da educação e demais aspectos que permitem garantir o direito à educação.

A qualidade é, também, uma noção negociada. Negociada no sentido de que é acordada, consensada, ajustada entre as pessoas envolvidas: estudantes e suas famílias, profissionais da escola, instâncias gestoras do sistema educacional, pesquisadores e demais interessados.

Assim, a qualidade negociada na/da educação pode ser conhecida ou verificada no encontro entre os resultados produzidos e os contextos que os produzem. É aí que se engendra a avaliação institucional, que se caracteriza como um conjunto de procedimentos, instrumentos e mecanismos, que combinam, analisam e interpretam informações de diversas fontes – avaliações externas, dados estatísticos, resultados das avaliações internas da aprendizagem dos estudantes, resultados das avaliações dos profissionais da unidade educacional, percepções das comunidades, autoavaliações e informações de contexto –, envolvendo todos os sujeitos interessados.

> A combinação entre as várias fontes de dados e as informações de diferentes processos avaliativos possibilita que as unidades educacionais tenham uma compreensão mais ampla de suas potencialidades e de seus desafios, bem como que se responsabilizem por seus resultados e se comprometam com o direito de todas e todos à Educação de qualidade.

É certo que a avaliação institucional pode se realizar por fora dos muros da escola, ainda que consultando sua comunidade. No entanto, se a expectativa é a de que os resultados sejam utilizados para apoiar as proposições e as iniciativas de mudanças e melhorias, ela precisa se realizar também por dentro. A seguir, apresentam-se as principais características da avaliação institucional e alguns de seus procedimentos.

FINALIDADES E CARACTERÍSTICAS DA AVALIAÇÃO INSTITUCIONAL

A avaliação educacional, em qualquer das suas vertentes, não é um conjunto de técnicas e procedimentos apenas, mas um conjunto de técnicas e procedimentos que resultam de escolhas, uma vez que avaliar é atribuir valor e, portanto, importa definir o modo de fazer, quem são os envolvidos, como os resultados são divulgados e quais os seus usos.

No âmbito da avaliação institucional, assume-se que os resultados de aprendizagem escolar ou os desempenhos escolares de estudantes se produzem além da relação didática ou pedagógica entre estes e seus professores ou do esforço pessoal de cada um. Assume-se, também, a escola como um ambiente vivo, complexo e diverso, onde convivem crianças, adolescentes, jovens e adultos em posições distintas, com diferentes trajetórias, expectativas e possibilidades de tomada de decisão e de atuação individuais e coletivas.

Mas o que significa avaliar para além das aprendizagens? O que, nos contextos escolares, deve ser avaliado para compor um panorama da escola? Como definir o que é qualidade, se a qualidade pode ser negociada? Quem deve participar? Quais são os instrumentos para realizar a avaliação institucional? Responder a essas questões pode contribuir para compreender as finalidades e características dessa vertente avaliativa.

Algumas vezes, a avaliação institucional é vista como sinônimo de autoavaliação. É importante distinguir essas abordagens. A avaliação institucional pode ser realizada pela comunidade escolar e, nesse caso, se caracterizar como uma autoavaliação. Essa vertente também pode ser realizada pelas instâncias de gestão do sistema educacional (secretarias de educação) ou mesmo por outras agências, como empresas, consultorias independentes, fundações ou organizações da sociedade civil e, nesses casos, se tratar de avaliação institucional externa.

A associação entre a avaliação institucional e a autoavaliação é comum na educação porque essa área é também definida por elementos que impelem para ações participativas e reflexivas. A gestão democrática como modo de gerir as instituições escolares é determinada na Constituição Federal, cap. III, art. 206, inciso VI), com desdobramentos na LDB n. 9.394/96, art. 3º, inciso VIII e no art. 14, que define a participação de docentes e das comunidades escolares na gestão das escolas, convoca processos autoavaliativos. Além disso, as experiências desenvolvidas na educação básica no Brasil envolveram as comunidades escolares nos procedimentos da avaliação institucional, e seus instrumentos mais conhecidos, como se verá adiante, sugerem que a avaliação institucional contenha a autoavaliação.

Qualquer vertente da avaliação educacional permite i) identificar, diagnosticar ou descrever a situação atual; ii) refletir sobre a situação que se tem em relação ao lugar aonde se quer chegar; iii) mobilizar para as mudanças que se quer produzir; iv) tomar decisão; e v) envolver ou engajar os sujeitos do processo. No entanto, apenas a avaliação institucional articula diferentes dados e informações, inclusive os resultados provenientes de outras vertentes avaliativas. Além disso, ela é a única que pode ser elaborada e conduzida por toda a comunidade escolar de maneira participativa. Essas características exclusivas da avaliação institucional impactam a definição de suas finalidades.

Por permitir articular e integrar diferentes fontes de informação, uma importante finalidade da avaliação institucional é subsidiar a elaboração de planos de trabalho em diferentes escalas ou diferentes abrangências: do projeto político-pedagógico (PPP) ao plano de estudos de um estudante, tudo pode estar articulado a partir do uso dos resultados da avaliação institucional. A possibilidade de ser realizada por toda a comunidade escolar sugere ainda outra finalidade para essa vertente avaliativa: mobilizar os diferentes segmentos escolares para a realização de melhorias na escola. Com características e finalidades bastante específicas, a avaliação institucional pode movimentar as escolas e convocar as comunidades escolares para o debate e para a ação.

Projeto pedagógico

Segundo José Mário Pires Azanha, pesquisador da educação pública no Brasil:

> O projeto pedagógico da escola é apenas uma oportunidade para que algumas coisas aconteçam e dentre elas o seguinte: tomada de consciência dos principais problemas da escola, das possibilidades de solução e definição das responsabilidades coletivas e pessoais para eliminar ou atenuar as falhas detectadas. Nada mais, porém isso é muito e muito difícil.

(AZANHA, M. P. Proposta Pedagógica e Autonomia da Escola. *Cadernos de História e Filosofia da Educação*, v. II, n. 4, São Paulo,1998, p. 15.)

A avaliação institucional pode ter como fonte principal e referencial de avaliação o projeto político-pedagógico. O PPP é o documento que reúne informações sobre o perfil da escola (localização, tamanho, dependência administrativa, atendimento especializado etc.), dados sobre matrículas, sobre o aproveitamento escolar dos estudantes, sobre o perfil docente, informações sobre como a escola está organizada (turmas, turnos, espaços físicos, equipamentos e materiais), como se realiza a sua gestão e ainda sobre seus princípios, diretrizes, objetivos, metas e metodologias.

A exigência do PPP nas escolas é uma definição da LDB, em seu art. 12, inciso I. Portanto, elaborado com ou sem a participação da comunidade escolar, o PPP deve estar presente em todas as escolas e sua estrutura textual costuma ser semelhante em todo o país.

Além do PPP, também são fontes de informação para a avaliação institucional na/da escola os dados informados pelas escolas para o Censo Escolar e disponibilizados pelo Inep: registros administrativos da escola que reúnem informações sobre os estudantes, os docentes e a gestão escolar, como as fichas de matrículas e os documentos de docentes, a contabilidade, as atas de reuniões do Conselho Escolar e dos Conselhos de Classe; imagens em fotos, áudios e vídeos; planos de cursos e planos de aulas; projetos disciplinares ou interdisciplinares; estatuto de grêmio estudantil e demais documentos produzidos pela diretoria de ensino ou secretaria de educação.

Os resultados dos estudantes nos exames municipais, estaduais ou nacionais realizados por meio de avaliações externas e em larga escala, bem como as informações constantes nos questionários de contexto dessas avaliações, são importantes fontes para a avaliação institucional.

A comunidade escolar pode ser simultaneamente fonte de informações, no caso da autoavaliação ou da avaliação institucional externa e elaboradora de planos de ação, pressuposto da avaliação institucional.

> Reunindo e articulando dados e informações de variadas fontes e engajando a comunidade escolar – características específicas da avaliação institucional –, chega-se a sua finalidade última que é monitorar o projeto político-pedagógico (PPP), tanto no que diz respeito às declarações presentes no documento quanto à sua execução.

DADOS E REGISTROS ADMINISTRATIVOS

Os objetivos declarados no PPP podem ser os principais parâmetros para a avaliação institucional. Checar a situação do momento em relação ao que foi proposto ou declarado pode ser o início do diagnóstico.

Considerando que o PPP é o registro sistematizado das condições de trabalho, das intencionalidades e de parte dos resultados didáticos e pedagógicos da escola, ele é também referencial para a elaboração de procedimentos de avaliação institucional e fonte para a elaboração de instrumentos específicos de consulta ou de registro da situação que se tem.

É possível iniciar a organização da avaliação institucional por uma reflexão no horário de trabalho coletivo sobre os objetivos declarados no PPP. Muitas vezes os objetivos declarados são tão óbvios que parecem dispensar o debate: quem poderá ser contrário ao alcance do objetivo de incluir todos os estudantes? Ou de preparar os estudantes para o exercício da cidadania, para o mundo do trabalho? Ou de oferecer ensino de qualidade para formar cidadãos críticos? Ou de promover valores éticos e morais para contribuir com uma sociedade justa? Impossível que as pessoas não se alinhem com essas declarações de objetivos. No entanto, é preciso que a escola traduza cada um desses objetivos em operações, em conjuntos de ações, de iniciativas para sua realização e que defina, também, como o alcance desses objetivos poderá ser medido, verificado ou avaliado.

Avaliar os objetivos declarados é mais do que concordar com sua adequação. É preciso identificar quais atividades contribuem para o alcance de quais objetivos, em que momento de sua realização se está e o que se pode fazer para avançar coletivamente.

É certo que um dos objetivos da escola é a aprendizagem dos estudantes. Nesse caso, há muitas fontes de informação e muitos filtros de aproximação para se conhecer a realidade da escola.

A primeira aproximação pode se dar por meio dos dados de matrículas que permitem conhecer a distribuição das crianças, adolescentes, jovens e adultos por gênero, por idade, por raça/cor/etnia e por deficiência em toda a escola, por série/ano escolar, turmas e turnos, permitindo detalhar um pouco mais o perfil da escola em seus diferentes momentos de funcionamento.

Esses dados são informados pelas escolas ao Inep, que organiza e disponibiliza as informações anualmente na divulgação do Censo Escolar. No entanto, as escolas têm ou podem ter mais informações sobre seus estudantes em seus registros administrativos, como: a presença ou a passagem de irmãos ou familiares na mesma escola, de estudantes que são filhos e filhas de docentes ou funcionários, de crianças cujas famílias são beneficiárias de programas sociais de governos.

Essas informações são muito importantes para a organização do trabalho pedagógico e didático no desenvolvimento do PPP, uma vez que podem responder a questões básicas, como: quais são os desafios da escola em relação às questões de gênero e raça? Como organizar as turmas por ano/série contemplando a diversidade de pessoas/famílias e as culturas presentes na escola? No caso do perfil etário dos estudantes, ressalta-se o impacto decisivo que a adequação idade-série/ano escolar tem nas trajetórias estudantis em todo o país.

Os dados de matrícula informam sobre o atendimento escolar e compõe, por exemplo, o indicador "complexidade de gestão da escola", organizado e disponibilizado pelo Inep. A complexidade de gestão é medida a partir de quatro variáveis: i) o porte da escola; ii) o número de etapas/modalidades ofertadas; iii) a identificação da etapa que atende alunos com idades mais elevadas; e iv) o número de turnos ofertados na escola. Esse indicador permite explicitar os desafios da gestão escolar e, assim, organizar o plano de trabalho da gestão levando em conta as necessidades que o atendimento escolar mais ou menos complexo demanda.

O aproveitamento escolar dos estudantes é também uma informação produzida, coletada e divulgada pela escola em diferentes momentos do ano e processada e disponibilizada no Censo Escolar. Trata-se de informações sobre o rendimento escolar – aprovação, reprovação e abandono – e sobre o fluxo escolar: promoção, repetência e evasão.

É o caso, aqui, de distinguir os termos: aprovação, reprovação e abandono escolar são ocorrências do ano letivo. Já a promoção, a repetência e a evasão referem-se a situações que só podem ser identificadas no ano seguinte ao ano escolar encerrado:

- Promoção: quando no ano seguinte ao ano escolar encerrado o estudante se matrícula no próximo ano/série da etapa de escolarização em curso.
- Repetência: quando a matrícula se dá no mesmo ano/série cursado no ano anterior.
- Evasão: quando não se verifica a matrícula no ano seguinte, ou seja, o estudante deixou o sistema escolar.

A situação de um ano para o outro pode ou não se confirmar: a reprovação e o abandono podem virar repetência ou evasão, caso o estudante se matricule na mesma série já cursada ou desista de estudar.

Essas situações referentes ao rendimento e ao fluxo escolar se transformam em taxas, quando se realizam os cálculos a partir das matrículas, como nos exemplos a seguir.

$$Taxa\ de\ aprovação = \frac{Total\ de\ aprovados}{Aprovados + Reprovados + Abandonos} \times 100$$

$$Taxa\ de\ reprovação = \frac{Total\ de\ reprovados}{Aprovados + Reprovados + Abandonos} \times 100$$

$$Taxa\ de\ abandono = \frac{Total\ de\ abandonos}{Aprovados + Reprovados + Abandonos} \times 100$$

Conhecer essas taxas na escola permite realizar comparações entre os resultados apresentados em cada ano-série ou turno com as mesmas taxas apresentadas no município, no estado e no país. No interior da escola, pode-se chegar a um maior detalhamento, possibilitando ampliar os debates e as referências para julgar os resultados da escola e responder às perguntas: há na escola uma turma, um ano-série, um componente curricular ou um turno que os estudantes mais abandonam ou em que mais reprovam? Qual é o perfil dos estudantes que mais reprovam ou abandonam? Como isso pode ser compreendido? A escola estará mais perto de seus objetivos declarados se continuar atuando como no cenário verificado ou há necessidade de se realizarem mudanças?

É sabido que a defasagem idade-ano/série decorrente da reprovação e/ou do abandono escolar impacta as aprendizagens e resulta no chamado fracasso escolar. Também é sabido que o fracasso escolar atinge mais frequentemente estudantes negros, indígenas, residentes em áreas rurais ou isoladas e com deficiência. Verificar se e como isso ocorre na escola possibilitará organizar iniciativas para a inclusão de todos os estudantes e para o enfrentamento do fracasso escolar.

O Censo Escolar também reúne dados sobre docentes e demais trabalhadores da escola que posteriormente vão compor a organização de indicadores educacionais disponibilizados pelo Inep, por exemplo, a "adequação da formação docente", que relaciona formação e área ou componente de atuação; e o "indicador de esforço docente", que é produzido a partir das variáveis: número de escolas, número de etapas, número de turnos em que o docente atua e número de estudantes que atende em cada turma. É possível que a escola colete e organize mais informações sobre seus profissionais, em seus registros administrativos, como seus locais de moradia, suas experiências anteriores, suas especialidades ou interesses em atividades diferentes das que exercem na escola e essas informações poderão aprimorar o conhecimento desse perfil.

Um outro conjunto de informações é proveniente dos resultados das avaliações externas e em larga escala. Os relatórios ou boletins dirigidos às escolas podem conter, além de análises sobre os desempenhos verificados, resultados comparativos entre a escola e o município ou as demais escolas da diretoria ou da regional de ensino, oferecendo parâmetros de análise das informações. Ainda, as informações coletadas por meio dos questionários de contexto também podem ser um ponto de partida para as reflexões da escola ou mesmo para a elaboração de instrumentos de consulta a todos os docentes e estudantes, por exemplo, uma vez que os questionários são respondidos apenas pelos envolvidos diretamente nos anos/séries avaliados.

Será possível comparar os resultados obtidos pelos estudantes nos exames externos e em larga escala com os resultados das avaliações de aprendizagem realizadas em sala de aula. Essa comparação poderá sugerir pistas para uma melhor compreensão sobre os desempenhos dos estudantes e também sobre as dinâmicas das aprendizagens das turmas e ano-séries.

Também no caso dos resultados das avaliações externa e em larga escala é possível realizar aproximações que podem detalhar os resultados e oferecer um panorama mais preciso da situação da escola. Esses resultados podem ser observados, assim como os do rendimento escolar, por turma, ano-série, turno ou componente avaliado e, também, por perfis dos estudantes que inclui a identificação dos resultados por idade, raça/cor, gênero e deficiência.

Os filtros ancorados nos chamados "marcadores sociais da diferença" permitem identificar padrões de exclusão. Sabe-se que, no Brasil, os meninos apresentam um desempenho escolar inferior ao das meninas, e também apresentam resultados inferiores as crianças com idades avançadas em relação às crianças com idade esperadas para anos-séries escolares que frequentam. Identificar os perfis da exclusão poderá possibilitar seu enfrentamento coletivo.

As informações sobre os perfis de estudantes, docentes e demais trabalhadores da escola podem ser encontradas nos registros administrativos da escola ou mesmo nos dados organizados e disponibilizados pelo Inep, assim como as informações procedentes de avaliações externas e em larga escala. Cabe às equipes escolares a proposição de situações específicas para a leitura e o debate dessas informações e a organização de grupos de trabalho para a sistematização do que se quer destacar ou mesmo para a proposição de instrumentos de consulta direcionados a toda a comunidade escolar.

Uma outra fonte de informação que pode trazer importantes elementos de reflexão para professores e coordenadores pedagógicos diz respeito aos apoios às escolhas didáticas: livros didáticos, literatura, jogos, materiais de laboratório, materiais para o trabalho em arte e na educação física, equipamentos tecnológicos entre outros. Realizar um levantamento dos materiais existentes, seu uso e o que se pretende com cada uso em cada turma, ano e série, pode ser um ponto de partida para o debate curricular. Identificar o que se ensina, como se ensina e com quais objetivos a cada ano/série pode compor a explicitação do desenho curricular que responde ao PPP da escola e definir pela manutenção da proposta curricular ou por sua alteração.

CONSULTAS ÀS COMUNIDADES ESCOLARES

Outra frente para a realização da avaliação institucional é a consulta à comunidade escolar. Trata-se, nesse caso, de procedimentos de autoavaliação participativa, de estabelecer e enfatizar os processos coletivos que devem caracterizar a elaboração, a execução e o acompanhamento do projeto pedagógico da escola, envolvendo toda a comunidade escolar na identificação dos problemas e na busca das soluções. Conhecer as percepções e expectativas de cada segmento da comunidade escolar pode ser uma fonte importante de informação e de elementos para a reflexão.

É possível realizar consultas sobre qualquer tema, com questões comuns a todos os segmentos da comunidade escolar, como também pode ser conveniente direcionar questões para determinados segmentos com o objetivo de conhecer o que pensam seus membros e mobilizar para o debate do que se deseja destacar.

Como visto anteriormente, a gestão democrática é uma determinação legal e torna-se razoável supor que esteja prevista no PPP de cada escola e que se efetive. Uma consulta poderá ser direcionada a conhecer o que a comunidade pensa sobre a gestão escolar e quais são as suas expectativas. Sobre isso, algumas questões podem ser respondidas, por meio de questionários ou em reuniões: todos os profissionais da escola, os estudantes e suas famílias conhecem o PPP? Como a direção escolar define gastos a serem realizados com recursos como os do Programa Dinheiro Direto na Escola (PDDE) ou de arrecadações de festas ou da Associação de Pais e Mestres (APM)? A comunidade escolar sabe que esses recursos estão disponíveis? Como a direção escolar lida com ausências de professores no cotidiano da escola? E com estudantes faltosos? E com violência doméstica contra as crianças, jovens, adolescentes ou adultos alunos da escola? Como as regras de convívio são formuladas? Todos conhecem?

O currículo escolar pode e deve ser avaliado pelos docentes, seja em reuniões de trabalho coletivo, seja em formato de consulta: o que professoras e professores esperam que os estudantes aprendam ao final de cada ano-série escolar em cada componente? O que é ensinado para que ao final do período letivo os estudantes tenham aprendido esses objetivos por ano-série? É possível articular diferentes componentes para o alcance de um mesmo objetivo? Quais atividades podem ser realizadas para se chegar lá? É possível fazer a avaliação de aprendizagem de um objetivo curricular por diferentes componentes ao mesmo tempo? Os estudantes sabem dizer para o público externo o que aprendem, como aprendem e como são avaliados?

Em relação às condições objetivas de trabalho, é possível, por exemplo, a partir do levantamento dos espaços disponíveis na escola e sobre seus usos, reunir um grupo de trabalho para elaborar uma proposta de reorganização desses espaços para seu melhor aproveitamento. A suficiência e a adequação de equipamentos, de livros disponíveis na biblioteca ou as demandas na ausência deles também podem ser objetos de investigação no âmbito da avaliação institucional. Nesses casos, uma vez identificadas as necessidades, será importante identificar o "para quê": o que se quer dos espaços, dos equipamentos, da biblioteca, da cantina, da quadra esportiva? Quais usos pedagógicos, didáticos e educativos que se pretende fazer de cada espaço, equipamento ou material? Quem usa o que e quando?

A autoavaliação como parte da avaliação institucional permite conhecer o chamado "clima escolar", que dificilmente poderia ser captado sem a participação ativa da comunidade escolar. Trata-se de um conjunto de situações e relações percebido como um jeito de funcionar das pessoas na escola que no coletivo resulta numa forma particular de funcionamento institucional. Por exemplo: é possível que a comunidade perceba a escola como um ambiente seguro e acolhedor que se expressa pela disponibilidade permanente de atendimento às famílias pela direção escolar e equipe técnica, pela frequência de reuniões com as famílias, pelo combate às discriminações de qualquer natureza, pelo diálogo aberto sobre qualquer tema. Trata-se de ações realizadas por pessoas dentro da escola e que caracterizam um funcionamento coletivo, deixando pouco ou nenhum espaço para atitudes autoritárias.

Em 2017, o Conselho Nacional de Secretários de Educação (Consed) realizou um seminário internacional sobre Avaliação da Educação Básica, reunindo pesquisadores e dirigentes municipais e estaduais de educação. Um dos temas abordados no seminário foi o "clima escolar", por meio de pesquisa desenvolvida pela Universidade Estadual de Campinas (Unicamp) e pela Universidade Estadual Paulista (Unesp), com o apoio do Consed e seus parceiros. Os resultados dessa pesquisa mostraram que as escolas que possuem clima escolar positivo apresentavam: bons relacionamentos interpessoais; um ambiente de cuidado e confiança; um ambiente de estímulo e de apoio – centrado no aluno; qualidade no processo de ensino e aprendizagem; espaços de participação e de resolução dialógica dos conflitos; proximidade das famílias e da comunidade externa; uma boa comunicação; senso de justiça (as regras são necessárias e obedecidas e as sanções são justas); e indivíduos se sentem seguros, apoiados, engajados, pertencentes à escola e respeitosamente desafiados.

Estudos sobre o clima escolar expressam a força da incidência desse contexto na formação das novas gerações: incidência na qualidade das relações, na organização da escola, na produtividade de estudantes e docentes, nas expectativas de futuro de cada indivíduo e da instituição como um todo.

Bons climas escolares se produzem com o acompanhamento do trabalho pedagógico pelos gestores escolares; a promoção do diálogo dos gestores com os professores e com os estudantes e suas famílias; a existência de reuniões pedagógicas nas quais se discutem e se analisam as dificuldades de aprendizagem dos estudantes e se buscam alternativas para sua superação. Além disso, fatores mais ligados à gestão administrativa das escolas são indicados como geradores de boas condições para a realização das práticas de ensino.

Articulação entre as vertentes avaliativas

A consulta às comunidades escolares vem ganhando espaço e se constituindo como uma modalidade avaliativa que, somada a outras, compõe a avaliação institucional. Trata-se do reconhecimento da necessidade de ampliação da abrangência da avaliação escolar, a partir do entendimento de que o desempenho do aluno deve necessariamente ser analisado de modo contextualizado. A avaliação institucional na educação básica é um processo que reúne e combina informações de diversas fontes: avaliações externas, dados estatísticos, avaliações internas, autoavaliações e informações de contexto, visando à identificação da qualidade que se tem e possibilitando organizar, mobilizar e responsabilizar a comunidade escolar pelos resultados do trabalho pedagógico.

Investigar o clima escolar implica assumir que o modo de funcionar da instituição produz aprendizagens e experiências para todas e todos os envolvidos. Trata-se de assumir, também, que o clima escolar repercute na qualidade da escola. A qualidade que pode estar ali expressa e se constatada ou que pode ser negociada ou ter uma "significação compartilhada".

Pode-se afirmar que a avaliação institucional é a explicitação da confluência e intersecção das várias dimensões do fazer escolar que, por sua vez, se expressa no projeto político-pedagógico.

Existem algumas iniciativas de produção de instrumentos de autoavaliação interessantes voltados a apoiar a realização da avaliação institucional nas unidades educacionais. Sugere-se a leitura dos Indicadores da Qualidade, produzidos pela Ação Educativa com o apoio de vários parceiros, dentre eles o MEC e o Unicef.

Esse conjunto de materiais orientadores da autoavaliação escolar é composto por quatro cadernos direcionados às três etapas da escolarização básica: *Indicadores da qualidade na educação* (ensino fundamental); *Indicadores da qualidade na educação infantil* (educação infantil); *Indicadores da qualidade no ensino médio* (ensino médio); e para um dos maiores desafios em todas as etapas, que é o caderno *Indicadores da qualidade na educação: relações raciais na escola*. Cada um desses cadernos apresenta um instrumento de autoavaliação, organizado em sete dimensões, sendo que para cada uma delas há um conjunto de indicadores e para cada um deles, um conjunto de perguntas avaliativas. Todos os cadernos têm a mesma estrutura. As dimensões e os indicadores buscam contemplar as práticas e as condições objetivas de trabalho nas escolas e podem auxiliar na reflexão conjunta e na autoavaliação da escola pela comunidade escolar. Os cadernos trazem sugestões de organização da autoavaliação desde a convocação da comunidade até a elaboração de plano de ação a partir dos resultados das consultas. Os quadros a seguir, baseados nos cadernos, apresentam as dimensões e os indicadores abordados em cada um deles.

Quadro 5 – Indicadores da qualidade na educação

Dimensão	Indicadores
Ambiente educativo	Amizade e solidariedade; Alegria; Respeito ao outro; Combate à discriminação; Disciplina; Respeito aos direitos das crianças e dos adolescentes.
Prática pedagógica	Proposta pedagógica definida e conhecida por todos; Planejamento; Contextualização; Variedade das estratégias e dos recursos de ensino-aprendizagem; Incentivo à autonomia e ao trabalho coletivo; Prática pedagógica inclusiva.
Avaliação	Monitoramento do processo de aprendizagem dos alunos; Mecanismos de avaliação dos alunos; Participação dos alunos na avaliação de sua aprendizagem; Avaliação do trabalho dos profissionais da escola; Acesso, compreensão e uso dos indicadores oficiais de avaliação da escola e das redes de ensino.
Gestão escolar democrática	Informação democratizada; Conselhos escolares atuantes; Participação efetiva de estudantes, pais, mães e comunidade em geral; Parcerias locais e relacionamento da escola com os serviços públicos; Tratamento aos conflitos que ocorrem no dia a dia da escola; Participação da escola no Programa Dinheiro Direto na Escola; Participação em outros programas de incentivo à qualidade da educação do governo federal, dos governos estaduais ou municipais.
Formação e condições de trabalho dos profissionais da escola	Habilitação; Formação continuada; Suficiência da equipe escolar; Assiduidade da equipe escolar; Estabilidade da equipe escolar.
Ambiente físico escolar	Suficiência do ambiente físico escolar; Qualidade do ambiente físico escolar; Bom aproveitamento do ambiente físico escolar.
Acesso, permanência e sucesso na escola	Número total de falta dos alunos; Abandono e evasão; Atenção aos alunos com alguma defasagem de aprendizagem; Atenção às necessidades educativas da comunidade.

Quadro 6 – Indicadores da qualidade na educação infantil

Dimensão	Indicadores
Planejamento Institucional	Proposta pedagógica consolidada; Planejamento, acompanhamento e avaliação; Registro da prática educativa.
Multiplicidade de experiências e linguagens	Crianças construindo sua autonomia; Crianças relacionando-se com o ambiente natural e social; Crianças tendo experiências agradáveis e saudáveis com o próprio corpo; Crianças expressando-se por meio de diferentes linguagens plásticas, simbólicas, musicais e corporais; Crianças tendo experiências agradáveis, variadas e estimulantes com a linguagem oral e escrita; Crianças reconhecendo suas identidades e valorizando as diferenças e a cooperação.
Interações	Respeito à dignidade das crianças; Respeito ao ritmo das crianças; Respeito à identidade, desejos e interesses das crianças; Respeito às ideias, conquistas e produções das crianças; Interação entre crianças e crianças.
Promoção da saúde	Responsabilidade pela alimentação saudável das crianças; Limpeza, salubridade e conforto; Segurança.
Espaços, materiais e mobiliários	Espaços e mobiliários que favorecem as experiências das crianças; Materiais variados e acessíveis às crianças; Espaços, materiais e mobiliários para responder aos interesses e necessidades dos adultos.
Formação e condições de trabalho das professoras e demais profissionais	Formação inicial das professoras; Formação continuada; Condições de trabalho adequadas.
Cooperação e troca com as famílias e participação na rede de proteção social	Respeito e acolhimento; Garantia do direito das famílias de acompanhar as vivências e produções das crianças; Participação da instituição na rede de proteção dos direitos das crianças.

Quadro 7 – Indicadores da qualidade na educação: relações raciais na escola

Dimensão	Indicadores
Atitudes e relacionamentos	Intervenção imediata contra xingamentos, piadas e apelidos discriminatórios; Quebra de silêncio e mudança de olhares para desnaturalizar o racismo; Distribuição de afeto e atenção e fortalecimento de relações de amizade; Reconhecimento do corpo e da estética (beleza) negra; Abordagem da indisciplina, sem exclusão; Construção positiva do pertencimento racial; Valorização das meninas e mulheres negras; Democratização do acesso aos lugares de poder; Superação da intolerância religiosa e a garantia de uma educação laica.
Currículos e proposta político-pedagógica	Conhecimento de leis e documentos oficiais sobre educação e relações raciais; Organização do projeto político-pedagógico (PPP); Garantia de espaço para planejamento coletivo; Inserção e abordagem de conteúdos sobre história e cultura africana e afro-brasileira; A sala de aula como lugar estratégico para uma educação antirracista.
Recursos didático-pedagógicos	Existência de recursos didático-pedagógicos na escola; Usos dos recursos didático-pedagógicos na comunidade escolar; Organização e circulação dos recursos na escola; Manutenção e ampliação do acervo de recursos.
Acesso, permanência e sucesso na escola	Pensando o estudante por inteiro (integralidade); Acompanhamento das faltas dos alunos e enfrentamento da evasão; Utilização dos dados de avaliações oficiais sob recortes cor/raça; Realização de avaliação diagnóstica e monitoramento da aprendizagem do aluno; Atenção às dificuldades e valorização das potencialidades dos alunos; Atenção às necessidades educativas da comunidade.
Atuação dos/das profissionais da educação	Consciência da própria identidade étnico-racial; Enfrentamento da discriminação entre profissionais de educação; Melhoria das condições de trabalho e de formação; Investimento no educador(a) pesquisador(a); Fortalecimento do trabalho coletivo; Reconhecimento dos/das profissionais que atuam em diferentes espaços da escola.
Gestão democrática	Fortalecimento da relação com a família; Democratização das instâncias de participação e da tomada de decisão; Democratização da informação na escola e na comunidade.
Para além da escola	Aprofundamento da relação com a comunidade; Fortalecimento da escola como parte da rede de Proteção; Divulgação de equipamentos e políticas públicas para a comunidade.

Quadro 8 – Indicadores da qualidade no ensino médio

Dimensão	Indicadores
Ambiente educativo e valorização da diversidade juvenil	Construção de um ensino médio com sentido para jovens e adolescentes; Reconhecimento da diversidade juvenil; Superação do racismo e da xenofobia; Enfrentamento do sexismo e da LGBTfobia na escola; Respeito e promoção da cultura democrática; Abordagem da indisciplina, sem exclusão; Superação da intolerância religiosa e garantia de uma educação laica; Amizades, relacionamentos e afeto.
Acesso, permanência e conclusão	Condições de mobilidade e de transporte escolar; Oferta de ensino noturno de qualidade; Inclusão e acessibilidade de pessoas com deficiência; Acompanhamento das faltas e enfrentamento da evasão escolar; Garantia das condições materiais de permanência; Superação de práticas institucionalizadas de exclusão; Transição entre o ensino fundamental e o ensino médio; Atenção às potencialidades dos/das estudantes; Conselho de classe comprometido com a garantia do direito à educação.
O currículo e a proposta político-pedagógica	Valorização de conhecimentos, experiências e expectativas dos/das estudantes; Existência de um projeto político-pedagógico contextualizado; Conhecimento e respeito à legislação; Educação, diferenças e ação afirmativa; Desenvolvimento e estímulo à curiosidade e ao pensamento crítico; Aprimoramento dos métodos de ensino e das estratégias didáticas; Trabalho coletivo, planejamento, acompanhamento e ações interdisciplinares; Reconhecimento dos ritmos e diferenças de aprendizagem; Existência de práticas contínuas de avaliação formativa e diagnóstica; Contextualização de indicadores oficiais relativos ao desempenho da escola.
Trajetórias de vida, estudos e trabalho	Respeito e acolhimento de estudantes trabalhadores/as; Reflexão e preparação para o mundo do trabalho; Educação para superação das desigualdades no mundo do trabalho; Perspectivas e possibilidades de continuidade dos estudos e qualificação profissional; Estímulo à circulação juvenil pela cidade, pelo campo e pela região; Apoio às jovens mães e aos jovens pais; Formação crítica para o consumo consciente e construção de uma perspectiva sustentável.

Profissionais da educação	Formação inicial e continuada; Suficiência e estabilidade da equipe escolar; Frequência da equipe escolar; Promoção do pluralismo de ideias e concepções pedagógicas; Melhoria das condições de trabalho das profissionais e dos profissionais da educação; Relações de respeito e de colaboração no ambiente de trabalho; Afirmação da identidade de servidor/a público/a.
Espaços, materiais e mobiliários	Existência e suficiência de espaços, materiais e mobiliários; Qualidade dos espaços, materiais e mobiliários; Bom aproveitamento dos espaços, equipamentos, materiais e mobiliários; Material didático e biblioteca escolar; Acesso a tecnologias e uso de internet na escola.
Participação e gestão democrática	Respeito e promoção do princípio da gestão democrática; Participação na proposta educativa; Transparência e circulação das informações na escola e na comunidade; Fortalecimento do Grêmio Estudantil e reconhecimento de diferentes formas de participação de adolescentes e jovens dentro e para além da escola; Conselho escolar democrático e atuante; Fortalecimento das relações com as famílias; Relação com a comunidade e com a rede de proteção; Influência de movimentos juvenis nas políticas públicas.

As dimensões e os indicadores apresentados pelo conjunto desses instrumentos contemplam os grandes temas da gestão institucional e da gestão pedagógica e também explicitam a necessidade de se reconhecer e se debater temas silenciados, como o racismo e as questões de gênero, explicitando o entendimento de que a melhoria dos resultados escolares dos estudantes e, portanto, a qualidade na/da educação passa pela transformação das relações, pela escolha do diálogo

Cada unidade educacional apresenta contextos e necessidades próprios e que devem ser considerados na elaboração de seus processos de autoavaliação. As dimensões e os indicadores organizados pelo material citado podem ser fonte para elaborações mais contextualizadas em cada escola.

> **Avaliação Institucional Participativa (AIP)**
>
> Uma experiência interessante de implementação da avaliação institucional é a da rede municipal de Campinas-SP, conduzida em conjunto com o Laboratório de Observação e Estudos Descritivos – LOED/ Unicamp. Essa experiência se consolidou como integrante da política pública conduzida pela secretaria de educação do município. Instituída para a avaliação da educação básica municipal, foi delineada a proposta denominada Avaliação Institucional Participativa (AIP), a qual se realiza no nível das escolas, com o envolvimento dos diversos atores institucionais. Em cada escola é constituída uma Comissão Própria de Avaliação, com representantes de todos os segmentos. Na rede, a supervisão do processo de implementação da AIP fica a cargo das instâncias intermediárias da rede, que são os Núcleos de Ação Educativa. Por meio do diálogo entre os atores escolares e entre estes e os profissionais atuantes nos diferentes níveis da rede, a noção de qualidade da educação e as trilhas a serem seguidas para a sua concretização são negociadas e compromissos e propostas de ação são estabelecidos. Assim conduzido, o processo de avaliação contribui para o desenvolvimento institucional da escola e, também, para a gestão educacional da rede.

Para saber mais

Um estudo realizado e divulgado pelo Unicef ao final do primeiro ano da pandemia da covid-19 apresenta um bom panorama do que se reconhece como fracasso escolar. Trata-se do documento "Enfrentamento da cultura do fracasso escolar: um estudo sobre o impacto da reprovação escolar, do abandono escolar e da distorção idade-série em meninas e meninos brasileiros", disponível em https://www.unicef.org/brazil/relatorios/enfrentamento-da-cultura-do-fracasso-escolar.

O "Manual de orientação para aplicação de questionários que avaliam o clima escolar", elaborado por Vinha, Morais e Moro (2017), apresenta concepção, matriz de avaliação e questionários e pode ser uma referência para a verificação do clima escolar nas escolas. Itens de consulta à comunidade escolar, semelhantes ao apresentado pelo referido Manual, encontram-se nos questionários de contexto do Saeb, disponível em https://www.fe.unicamp.br/noticias/manual-de-orientacao-para-a-aplicacao-dos-questionarios-que-avaliam-o-clima-escolar.

Para o conjunto dos Indicadores da Qualidade na Educação, veja https://www.unicef.org/brazil/indicadores-da-qualidade-da-educacao.

Indicações de leitura

AÇÃO EDUCATIVA, UNICEF (Coord.). *Indicadores da qualidade no Ensino Médio*. São Paulo: Ação Educativa, 2018.

AÇÃO EDUCATIVA, UNICEF, PNUD, INEP-MEC (coordenadores). *Indicadores da qualidade na educação*. São Paulo: Ação Educativa, 2004.

AZANHA, José Mário Pires. Proposta Pedagógica e Autonomia da Escola. *Cadernos de História e Filosofia da Educação*, São Paulo, v. II, n. 4, 1998.

AZEVEDO. Fernado e outros. Manifesto dos Pioneiros da Educação Nova. *Revista Bras. Est. Pedag.*, Brasília, DF, v. 65, maio-ago. 1984.

BONDIOLI, Anna. *O Projeto Pedagógico da Creche e a sua Avaliação*: a qualidade negociada. Campinas: Autores Associados, 2004.

BRASIL. Lei n. 4.024, de 20 de dezembro de 1961. Fixa as Diretrizes e Bases da Educação Nacional.

BRASIL. Lei n. 5.692, de 11 de agosto de 1971. Fixa Diretrizes e Bases para o ensino de 1º e 2º graus e dá outras providências.

BRASIL. Lei n. 9.394, de 20 de dezembro de 1996. Estabelece as diretrizes e bases da educação nacional.

BRASIL. Ministério da Educação/Secretaria da Educação Básica. *Indicadores da Qualidade na Educação Infantil*. Brasília, DF: MEC/SEB, 2009.

CARREIRA, Denise; SOUZA, Ana Lúcia Silva. *Indicadores da qualidade na educação*: relações raciais na escola. São Paulo: Ação Educativa, 2013.

DOURADO, Luiz Fernando (Org.). A qualidade da educação: conceitos e definições. *Série Documental*: Textos para discussão. Brasília, DF: Instituto Nacional de Estudos e Pesquisas Educacionais Anísio Teixeira, 2007.

OLIVEIRA, Romualdo Portela de; ARAUJO, Gilda Cardoso de. Qualidade do ensino: uma nova dimensão da luta pelo direito à educação. *Revista Brasileira de Educação*, n. 28, p. 5-23, 2005.

SORDI, Mara Regina Lemes de. Implicações ético-epistemológicas da negociação nos processos de avaliação institucional participativa. *Educ. Soc.*, Campinas, v. 33, n.119, p. 485-510, 2012.

SOUSA, Sandra Maria Zákia Lian. *Avaliação institucional*: elementos para discussão. O ensino municipal e a educação brasileira. Guarulhos: SEG, 2012. Disponível em: http://www.guarulhos.sp.gov.br/sites/default/files/ppp_avaliacao-educacional.pdf. Acesso em: 9 set. 2024.

Avaliação e qualidade da educação para todos

Este capítulo aborda as implicações da dimensão política da avaliação educacional e as concepções dominantes, assim como identifica perspectivas para a construção de propostas avaliativas que promovam a inclusão escolar e social de crianças e adolescentes.

Nos capítulos anteriores foram tratadas em suas especificidades algumas das dimensões da avaliação: de aprendizagem, institucional e externa e em larga escala de um sistema ou rede de ensino. Como fio condutor, as considerações feitas sobre essas dimensões foram norteadas pelo compromisso de vivenciar a avaliação como meio de promoção da educação de qualidade para todos os estudantes.

O engajamento na construção de uma escola de qualidade para todos supõe o compromisso de seus integrantes com a permanência das crianças que nela ingressam e com o seu processo de desenvolvimento; a organização de um trabalho que viabilize e estimule a apropriação, a construção do conhecimento e a formação do sujeito social; o estabelecimento de relações compartilhadas, privilegiando-se o trabalho coletivo e cooperativo entre os profissionais da escola, alunos e comunidade.

Tornar realidade uma escola inclusiva, sob a ótica dos interesses das camadas majoritárias da população, implica, por um lado, projetos e práticas das escolas e de seus integrantes que assumam compromissos com a emancipação e com a formação crítica. Por outro lado, requer políticas públicas delineadas para os sistemas e redes de ensino capazes de promover o direito à educação e expressar o cumprimento do dever de Estado com a sua oferta qualificada, tal como prescreve a Lei de Diretrizes e Bases da Educação Nacional (LDB n. 9.394/96), que regulamenta o sistema educacional do Brasil, em consonância com o estatuído na Constituição Federal de 1988.

Contudo, essa afirmação não nos autoriza a imputar somente à escola e às políticas educacionais a responsabilidade por enfrentar, minorar ou mesmo suprimir desigualdades historicamente construídas no país, pois a educação se constitui parte das relações sociais, políticas, econômicas e culturais mais amplas.

Ao mesmo tempo que a educação escolar, por meio de suas regras, relações, rituais e silêncios, tende a reproduzir relações de dominação e desigualdades presentes na sociedade brasileira, ela reúne possibilidades emancipadoras. Daí a importância de olharmos criticamente para aspectos de produção de desigualdades e reprodução de hierarquias sociais que se situam ao alcance de intervenções educacionais, seja por meio de políticas educacionais, seja por meio de planos escolares, que assumam como opção política um projeto educacional e social democrático.

É oportuno olhar criticamente as políticas educacionais que estimulam, acolhem e naturalizam, estruturalmente, resultados desiguais, de escolas e de seus estudantes. É o caso, por exemplo, das iniciativas implementadas por diversas redes de ensino, que associam os resultados das avaliações externas e em larga escala a incentivos e sanções, a escolas, professores e/ou estudantes. Pautadas em uma lógica concorrencial, tendem a induzir segregação ou exclusão de estudantes que não apresentem bons desempenhos nos testes e, em consequência, comprometem as possibilidades de que sejam obtidos incentivos ou bonificações.

Além do mais, com base em discursos e ações que se pautam pela meritocracia, conduzem à naturalização das desigualdades educacionais, pois o suposto, ou melhor, o esperado nesse tipo de ação é a discriminação e a classificação, que apoiem a "premiação" dos melhores. Embora a tendência dos discursos e programas governamentais seja propalar compromissos de promoção de equidade e qualidade educacional para todos, contraditoriamente são implementadas medidas que se assentam em comparação, discriminação e classificação, sob a crença em seu potencial indutor de qualidade.

A associação entre avaliação, classificação e qualidade, que nos dias atuais é fortalecida por meio de políticas educacionais, expressa e reafirma a concepção dominante vigente nas escolas brasileiras, que acolhe a repetência como uma medida apropriada a um sistema educacional que se pretenda de qualidade. Assumem-se a seletividade e a exclusão como inerentes à dinâmica escolar e social. Tanto a "pedagogia da repetência" quanto a "pedagogia da concorrência" tendem a ser incorporadas na gestão da escola, até mesmo de forma natural, em uma sociedade capitalista, em que a ideia do mérito é presente.

"Pedagogia da repetência" é a expressão cunhada por Sérgio Costa Ribeiro em artigo publicado em 1991, no qual o autor demonstra que, para além das condições sociais dos alunos, a escola, por meio de seguidas reprovações, induz ao fracasso escolar, dentre outras contribuições analíticas sobre esse tema. Em diálogo com essa produção, Sandra Zákia Sousa nomeou "pedagogia da concorrência" o que vem sendo fortalecido por meio de uma concepção de avaliação do trabalho escolar que tem na verificação de desempenhos em testes o seu foco. Essa concepção, além de deslocar a discussão da produção da qualidade do ensino do âmbito político/público para o âmbito técnico/individual, tende a ativar mecanismos que estimulem a competição entre alunos, escolas e redes de ensino. Adotar a concorrência como forma de promoção da qualidade tende a escantear e excluir os estudantes "repetentes" e lhes atribuir a culpa, seja por seus défices de capacidades, de aptidões, de motivação ou, mesmo, por comportamentos considerados inadequados.

> Como diz Rui Canário, pesquisador da educação, a organização escolar, tal como a conhecemos, corresponde a uma "invenção histórica que admite diferentes futuros possíveis".
> (CANÁRIO, R. O professor entre a reforma e a inovação. In: BICUDO, M. V.; SILVA JUNIOR, C. (Orgs.) *Formação do educador*: organização da escola e do trabalho pedagógico. São Paulo: Editora Unesp, 1999. v. 3. p. 278-279.)

A busca de superação da "pedagogia da repetência" e da "pedagogia da concorrência" é um propósito e um desafio que se colocam àqueles que se comprometem em vivenciar a avaliação como meio de promoção da educação de qualidade para todos os estudantes. Essa compreensão remete ao esclarecimento de que, muitas vezes, limitações atribuídas às avaliações não são inerentes a elas, mas, sim, decorrem dos usos feitos de seus resultados, que se contrapõem a um projeto democrático de sociedade.

> **Democracia e educação**
>
> Henry Giroux, pedagogo estadunidense, adverte que "não há democracia sem cidadãos informados e não há justiça sem uma linguagem crítica da injustiça. Ao mesmo tempo, qualquer abordagem crítica da política fracassará se ignorar um imaginário radical que abrace a esperança social como uma mistura de modos coletivos de resistência e possibilidades democráticas. A democracia começa a falhar e a vida política se torna empobrecida na ausência das esferas públicas vitais, como a educação pública, em que os valores cívicos, a erudição pública e o engajamento social permitem uma compreensão mais imaginativa de um futuro que leva a sério as exigências da justiça, equidade e coragem cívica".
>
> (GIROUX, Henry. Educação crítica, pedagogia política e esperança na construção de esferas públicas democráticas. In: FIGUEIREDO, Gustavo de Oliveira et al. *Educação, direitos sociais e políticas públicas: práticas, críticas e utopias*. Salvador: EDUFBA, 2022. p. 33.)

Nessa perspectiva, é preciso haver o monitoramento e a avaliação do cumprimento do dever do Estado relativo ao direito à educação, bem como responsabilização dos sujeitos que devem assegurá-lo.

Para a concretização da educação com um direito e como integrante de um projeto democrático de sociedade é imperativo desnaturalizar concepções que, pautadas na ideologia liberal, naturalizam desigualdades, como esta fala: "a aula é a mesma para todos, não tenho culpa se alguns alunos não aprendem".

Instaurar uma avaliação que se realize em diferentes e complementares direções – horizontal, ascendente, descendente, tornando realidade o princípio de gestão democrática da educação é um dos caminhos promissores para concretizar o tão propalado direito à educação. Desse modo, a atuação pedagógica e a ação educativa estatal podem se dar em direção à inclusão escolar.

MUDAR O SENTIDO DA AVALIAÇÃO EDUCACIONAL?

Reafirmamos que não é possível estabelecer abstratamente qual o melhor sentido a ser atribuído à avaliação educacional, pois concepções e práticas avaliativas, ao tempo que refletem, são reflexos de um dado projeto educacional e social que se tem por referência.

Assim, falar em mudar o sentido da avaliação não se limita a alterações nos procedimentos e instrumentos utilizados. Antes disso, pressupõe motivação para mudanças, conscientização de sua necessidade e compromisso com a busca de alternativas para seu redirecionamento, tendo em conta os valores subjacentes que orientam os julgamentos emitidos. A avaliação é um ato de atribuição de valor a um objeto por um sujeito social e histórico.

> **Critérios de avaliação e valores**
>
> Sandra Zákia Sousa, coautora deste livro, diz: "critérios de avaliação não são estabelecidos de modo dissociado das posições, crenças, visão de mundo e práticas sociais de quem os concebe, mas emergem da perspectiva filosófica, social, política de quem faz o julgamento e dela são expressão. Assim, os enfoques e critérios assumidos em um processo avaliativo revelam as opções axiológicas dos que dele participam"
>
> (SOUSA, Sandra Zákia. Avaliação Escolar e Democratização: o direito de errar. In: AQUINO, Júlio Groppa. (Org.). *Erro e fracasso na escola*: alternativas teóricas e práticas. São Paulo: Summus, 1997. p. 125-138.)

Só nos comprometemos com mudanças ou transformações, seja em âmbito pessoal, seja coletivo, se acreditamos que estas são relevantes e, portanto, fazem sentido os esforços e as ações que visem concretizá-las. Ou seja, transformações de concepções e práticas educacionais demandam tempo e dedicação para que sejam consolidadas novas atitudes, a partir do reconhecimento de seu valor.

Mudar a avaliação é um desafio que só se coloca para aqueles que, orientados por um compromisso com a democratização da educação, se dispõem a tencionar princípios, finalidades, mecanismos, regras e rituais que têm sido dominantes na avaliação, seja de aprendizagem, institucional ou de redes e sistemas de ensino, os quais tendem a expressar relações de dominação, ao tempo em que contêm possibilidades emancipadoras, pois não se realizam sem conflitos e contradições entre projetos distintos que convivem nos espaços educacionais e sociais.

O desejo de ressignificação de concepções e práticas de avaliação extrapola a dimensão técnica, relativa ao aprimoramento de aspectos metodológicos e instrumentais. Embora ao longo do tempo, precisamente nos últimos 50 anos, as críticas às avaliações escolares tenham se intensificado e disseminado, isso não tem sido suficiente para mudar as práticas. Ao que parece, ainda é necessário insistir no desvelamento de sua dimensão política e ideológica.

Um caminho promissor é investir na explicitação dos fins a que têm servido os seus resultados: se fins que promovem a inclusão escolar ou fins seletivos e excludentes, o que se confronta, inclusive, com o cumprimento do dever do Estado de garantia de educação básica para todos.

Não desconhecemos que há fatores que dificultam ou mesmo inviabilizam a vivência da avaliação em seu sentido pleno, que se situam em nível das escolas, bem como das políticas educacionais. Assim sendo, imprimir novos rumos à avaliação educacional envolve as diversas instâncias e atores – desde profissionais da escola, alunos e pais, até profissionais atuantes nos níveis central e intermediário responsáveis pelas políticas e gestão educacional.

A transformação das finalidades da avaliação não se dá por meio de "um novo modelo", pronto e acabado para "ser aplicado", mas supõe pôr em questão as bases em que se assenta o projeto educacional do qual a avaliação é parte. Se há o desejo de mudança de concepções dominantes, que tendem a afirmar hierarquias e a estimular competição por meio da avaliação, o que se está avalizando é um projeto educacional que serve à transformação social.

Fica a questão: queremos mudar o sentido da avaliação de aprendizagem, institucional e de redes e sistemas escolares?

Para saber mais

O texto intitulado "Avaliação e qualidade da educação", de Bernardete Gatti, debate questões que envolvem avaliações externas e em larga escala e sua relação com a qualidade da educação está disponível em http://www.diaadiaeducacao.pr.gov.br/portals/seminariopde/documentos/processo5-para_saber_mais_bernadete_gatti.pdf.

Sandra Zákia Sousa propõe a organização de um sistema de avaliação colaborativo entre as instâncias de gestão da educação e com controle social em texto intitulado "Avaliação colaborativa e com controle social". Veja aqui: https://retratosdaescola.emnuvens.com.br/rde/article/view/261/438.

Indicações de leitura

SOUSA, Sandra Zákia. Avaliação: da pedagogia da repetência à pedagogia da concorrência? In: DALBEN, A. I. M. F. et al. *Convergências e tensões no campo da formação e do trabalho docente*. Belo Horizonte: Autêntica, 2010.

SOUSA, Sandra Zákia. Avaliação colaborativa e com controle social. *Retratos da Escola*, v. 7, n. 12, p. 65-75, 2013.

SOUSA, Sandra Zákia. As práticas de avaliação de aprendizagem como negação do direito à educação". In: CAPPELLETTI, Isabel Franchi. (Org.). *Avaliação de aprendizagem*: discussão de caminhos. São Paulo: Articulação Universidade/Escola, 2007.

VASCONCELLOS, Celso S. *Avaliação*: concepção dialética-libertadora do processo de avaliação escolar. São Paulo: Cadernos Pedagógicos do Libertad, 1983.

As autoras

Sandra Zákia Sousa é doutora em Educação pela Universidade de São Paulo (USP) e professora da Faculdade de Educação da mesma universidade, atuando na pós-graduação na área "Estado, Sociedade e Educação". O campo de pesquisa privilegiado trata de política e avaliação educacional, com produções divulgadas em artigos e capítulos de livros.

Valéria Virgínia Lopes é doutora em Educação pela Universidade de São Paulo. Coordenadora acadêmica da formação sob medida para países de língua portuguesa do Instituto Internacional de Planejamento Educacional (IIPE-Unesco) e consultora independente.

CADASTRE-SE
EM NOSSO SITE,
FIQUE POR DENTRO DAS NOVIDADES
E APROVEITE OS MELHORES DESCONTOS

LIVROS NAS ÁREAS DE:

História | Língua Portuguesa
Educação | Geografia | Comunicação
Relações Internacionais | Ciências Sociais
Formação de professor | Interesse geral

ou
editoracontexto.com.br/newscontexto

Siga a Contexto
nas Redes Sociais:
@editoracontexto

GRÁFICA PAYM
Tel. [11] 4392-3344
paym@graficapaym.com.br